MIRESI
Berlin

MIRESI Berlin

CHARTA

Progetto grafico/Graphisches Konzept/Design
Gabriele Nason
con/mit/with
Daniela Meda

*Coordinamento redazionale/Verlegerische
Koordination/Editorial Coordination*
Emanuela Belloni
Elena Carotti

Redazione/Redaktion/Editing
Giorgia Kapatsoris
Benedetta Tissi
Emily Ligniti

Traduzione/Übersetzungen/Translation
Silvia Maiandi
Jessica Nash

*Copy e Ufficio stampa/Copywriter und
Pressearbeit/Copywriting and Press Office*
Silvia Palombi Arte&Mostre, Milano

*Grafica Web e promozione online/Web-Graphik und
Online-Promotion/Web Design and Online Promotion*
Barbara Bonacina

Copertina/Umschlag/Cover
Libeskind's Cathedral n. 3, *2004*

Retro di copertina/Umschlag hinten/Back Cover
Studio per Reichstag, *2003*

Referenze fotografiche/Fotonachweis/Photo credits
Joakan Littkemann, pp. 21, 23, 26, 27, 37, 39, 43, 51, 53, 55
Miresi, pp. 8, 11, 14, 19, 59
Sebastian Schobbert, Berlin, pp. 25, 29, 31, 33, 35, 41, 45,
47, 49
Ingo Schwarz, Berlin, p. 60

Questo libro è stato pubblicato in occasione della mostra

Dieses Buch wurde veröffentlicht anläßlich der Ausstellung

This book has been published on the occasion of the
exhibition

Amando Berlino
Istituto Italiano di Cultura, Berlin
12 - 31 ottobre 2004
vom 12. bis 31. Oktober 2004
October 12 - 31, 2004

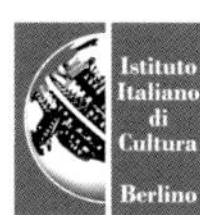

© 2004
Edizioni Charta, Milano

© Miresi per le opere e i testi/für ihre Werke
und Texte/for her works and texts

© Helmuth F. Braun per il testo/für seinen
Text/for his text

ISBN 88-8158-504-9

Edizioni Charta
via della Moscova, 27
20121 Milano
Tel. +39-026598098/026598200
Fax +39-026598577
e-mail: edcharta@tin.it
www.chartaartbooks.it

Printed in Italy

www.miresi-art.com

Sommario
Inhalt
Contents

Amando Berlino

HFB

Non crediate che una linea diritta sia
fredda e immobile! Dovreste solo
disegnarla con vivacità e osservare bene
il suo andamento.
È, alternativamente, sottile o più spessa
e con un tremolio leggero e nervoso.
I paesaggi delle nostre capitali non sono
tutti luoghi di battaglie matematiche!
Sulle strade siamo sopraffatti da
triangoli, quadrati, figure a più lati
e cerchi.
Linee diritte sfrecciano in tutte le direzioni.
Ovunque ci pungono figure aguzze.

Ludwig Meidner, *Anleitung zum Malen von Großstadtbilder*
(Guida alla pittura di paesaggi cittadini), 1914

L'immagine della città è da sempre un soggetto di grande attrazione per l'artista. Ancora nel diciannovesimo secolo il vedutismo rappresentava l'unica possibilità di mantenere visibile la vita di una città, trasmettendone, in un preciso momento storico, un fedele ritratto, completo di edifici, strade, piazze e dintorni, resi da diversi punti di vista, prospettive o panorami. La funzione rappresentativa della pittura passa in secondo piano rispetto ad una visuale più individualistica della città con l'avvento di nuovi mezzi espressivi, quali fotografia e film, di nuove forme artistiche, che si affermarono con l'impressionismo e l'espressionismo, il surrealismo e nell'arte astratta. I tumulti del ventesimo secolo, le guerre e gli stermini di popoli hanno cambiato molte città europee fino a renderle irriconoscibili. Secolari simboli e immagini di città scolpite nella pietra sono scomparsi, e al loro posto ne stanno sorgendo di nuovi.

Berlino ha subito enormi cambiamenti dalla fine della divisione.

Il muro che divide la città è scomparso, è diventato un pezzo da museo ed è ancora riconoscibile sulla pavimentazione delle strade in alcuni punti del centro della città. Strade che un tempo erano desolate si sono trasformate in pochi anni in un paesaggio cittadino vibrante e vivace. Le nuove costruzioni hanno cambiato interi quartieri del centro, molti edifici sono stati ristrutturati, e ancora di più ne sono stati costruiti di nuovi. Scavi e gru erano negli anni Novanta i segni evidenti della rinascita di Berlino. Sono sorti nuovi simboli che danno ai turisti punti di riferimento e che forniscono agli abitanti una parte della propria identità.

La pittrice italiana Miresi, che fa la pendolare tra Milano e Berlino, ha vissuto a stretto contatto la radicale trasformazione di questa città dalla metà degli anni Novanta. È affascinata dall'energia e dalla vivacità che questa città emana. In una serie di dipinti di grande formato e di opere a tecnica mista più piccole, che lei intitola *Amando Berlino*, si confronta con i nuovi simboli architettonici di questa città. Si sente sopraffatta dalla volta trasparente del Reichstag, opera di Sir Norman Foster, dalla struttura e forma eccezionali del Museo Ebraico di Daniel Libeskind e dall'imponente senso dello spazio trasmessa dalla Potsdamer Platz con i suoi grattacieli.

Nell'estate del 1995 Christo e Jean-Claude copersero il Reichstag; fecero seguito i lavori di ristrutturazione fino alla sua attuale struttura, curati da Sir Norman Foster, che lo adattò a diventare la sede del Parlamento della confederazione tedesca. Il colosso neoclassico, che durante la Guerra Fredda segnava il confine tra Est e Ovest, mostra le tracce della sua conquista nel 1945 nei graffiti incisi dai soldati sovietici nei corridoi del Parlamento. Una cupola di vetro che simboleggia la trasparenza e la consapevolezza democratica della nuova repubblica incorona l'edificio. Il visitatore può salire fino in cima alla cupola tramite una scala a chiocciola e osservare i lavori del Parlamento, che si riunisce proprio sotto di lui. Da qui gli si schiude anche un panorama della nuova Berlino.

Il Museo Ebraico di Berlino, opera di Daniel Libeskind, ha risvegliato l'attenzione di tutto il mondo già durante l'epoca della sua costruzione.
Nella sua parte esterna, la facciata in metallo, sfaccettata, e nella struttura interna, negli spazi vuoti, nella Torre dell'Olocausto, nelle assi labirintiche e nel Giardino dell'Esilio inclinato, l'edificio dà voce alla memoria ebraica di Berlino e alla sua estinzione durante il nazionalsocialismo.

La Potsdamer Platz, una volta il cuore pulsante della città, si è trascinata per cinquant'anni in una esistenza anonima ai margini della storia del mondo. Nella Repubblica di Weimar essa, in quanto piazza di maggior traffico d'Europa, era il simbolo del ritmo della grande città. Completamente distrutta durante guerra, diventò un luogo del nulla con segni di

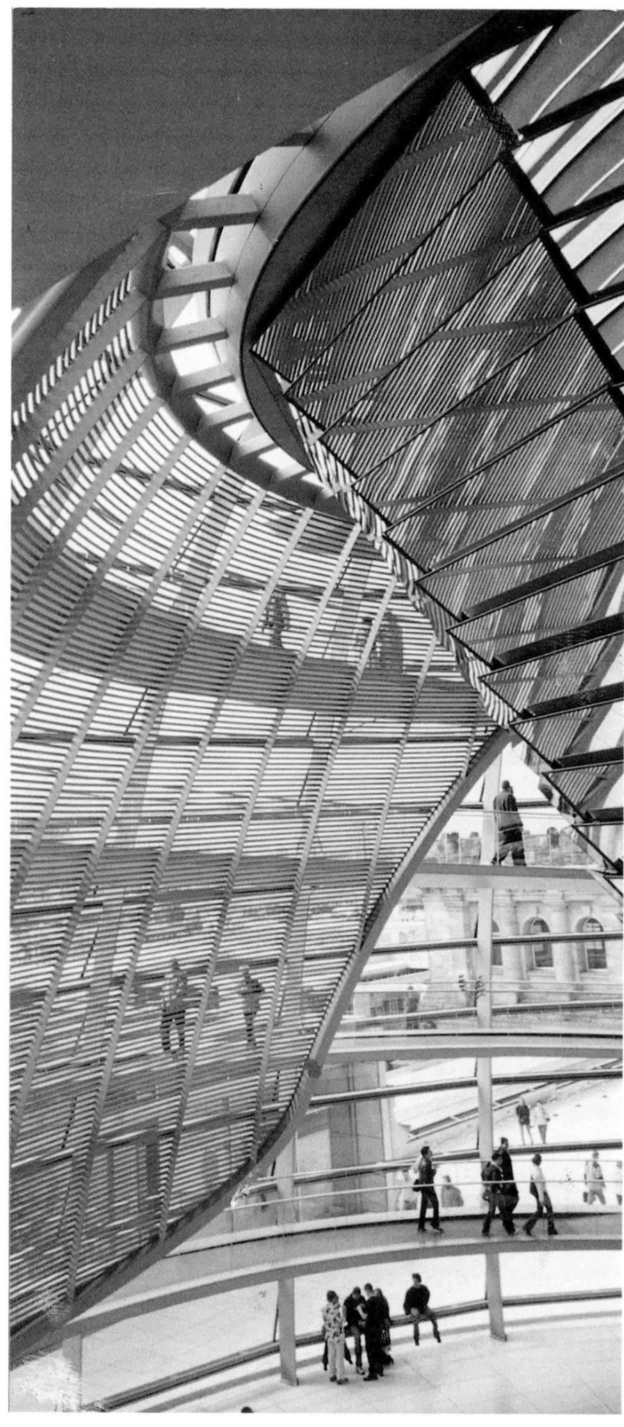

Reichstag,
Berlin, 2004

morte, il Muro e zone a sterpaglia, costretta tra due sistemi politici. Oggi la Potsdamer Platz cerca di ricollegarsi alla dinamica di una passata metropoli attraverso i suoi grattacieli, le zone commerciali, gli hotel, i ristoranti, i teatri e i cinema e il suo labirinto di traffico sotterraneo. Qui è sorta una nuova città nella città, che viene considerata dai visitatori di Berlino come il nuovo centro della città.

Tutte queste costruzioni sono già state fotografate fino alla nausea, sono segni della Berlino rinata e da molto tempo vengono utilizzati come mezzo pubblicitario per il marketing della città. Miresi si occupa di questi segni quasi banali, che tutti pensano di conoscere, e li trasforma nel suo atto pittorico espressionista in linee verticali, strutture sciolte e superfici di colore spesse che per la maggior parte hanno un contorno nitido, marcato.
Il nero domina. Queste architetture di colori non sono più raffigurazioni tangibili del mondo reale, sono molto più espressione di un sentimento della vita, di un'energia, di una dinamica, che l'artista percepisce nell'atmosfera di questa città.

Per Miresi il colore ha una qualità emotiva, dominano non i toni puri bensì i toni spezzati e scuri. La geometria argentea dell'edificio di Libeskind si fragmenta in un turbine di colori caotico. La cupola di vetro del Reichstag si trasforma in un carosello vertiginoso e dei grattacieli della Potsdamer Platz rimangono infine – ridotti al minimo – solo linee nere, che lasciano trasparire la luce.

Miresi ha svuotato questi luoghi altrimenti sovraffollati, ha bandito gli uomini e la natura, per evidenziare la forza solitaria dell'architettura.
Fedele all'affermazione "Da parte mia non sono né imbarazzata ad aver praticato ieri l'astrazione e oggi il figurativo, né esito ad agire contemporaneamente in entrambe le direzioni", con la serie *Amando Berlino* Miresi si allontana dall'oggettività dei luoghi e delle costruzioni per cogliere nell'astrazione l'energia e la dinamica di Berlino e dei suoi nuovi simboli. Sempre in transito tra Berlino e Milano, vive e sperimenta la nostra città in modo più originario e più distaccato di quanto potrebbe riuscire a noi, che viviamo qui stabilmente.

Amando Berlino

HFB

„Glaubt nicht, dass eine gerade Linie kalt und starr sei! Ihr müsst sie nur sehr erregt zeichnen und ihren Verlauf gut beachten. Sie sei bald dünn, bald dicker und von leisem nervösem Erzittern. Sind nicht unsere Großstadtlandschaften alle Schlachten von Mathematik! Was für Dreiecke, Vierecke, Vielecke und Kreise stürmen auf den Strassen auf uns ein. Lineale sausen nach allen Seiten. Viel Spitzes sticht uns.“

Ludwig Meidner: *Anleitung zum Malen von Großstadtbildern.* (1914)

Das Bild der Stadt ist seit jeher ein attraktives Medium für Künstler. Noch im 19. Jahrhundert war die Veduten-Malerei, die ein getreues Abbild der Stadt, ihrer Bauten, Straßen, Plätze und Gegenden zu einem bestimmten Zeitpunkt lieferte, sei es in Ansichten, Perspektiven oder Panoramablicken, die einzige Möglichkeit, Handel und Wandel einer Stadt sichtbar festzuhalten. Mit der Ankunft neuer Medien, Photografie und Film, neuer künstlerischer Ausdrucksformen, wie sie sich im Impressionismus und im Expressionismus, im Surrealismus und in der abstrakten Kunst durchsetzten, ist in der Malerei die Abbildfunktion gegenüber einer mehr individualisierten Stadtansicht zurückgetreten.

Die Verwerfungen des Zwanzigsten Jahrhunderts, Kriege und Völkermord haben viele europäische Städte bis zur Unkenntlichkeit verändert. Jahrhunderte alte in Stein gehauene Wahrzeichen und Stadtbilder sind untergegangen und neue sind im Begriff zu entstehen.

Berlin hat seit dem Ende der Teilung gewaltige Veränderungen erfahren. Die die Stadt trennende Mauer ist verschwunden, ein Museumsstück geworden und an einigen Stellen im Zentrum der Stadt nur noch als Markierung im Straßenbelag erkennbar. Vormals öde Straßen und Plätze haben sich in wenigen Jahren in eine vibrierende und lebendige Stadtlandschaft verwandelt. Das neue Bauen hat ganze Stadtviertel im Zentrum verändert, vieles wurde renoviert und noch mehr wurde neu aus dem Boden gestampft. Baugruben und Kräne waren in den Neunzigern die deutlichen Zeichen des Aufbruchs Berlins. Neue Wahrzeichen sind entstanden, die den Stadttouristen Orientierung geben und den Stadtbewohnern ein Stück Selbstidentifikation liefern.

Die zwischen Mailand und Berlin pendelnde italienische Malerin Miresi hat den Umbruch in dieser Stadt seit Mitte der Neunziger Jahre hautnah miterlebt. Sie ist fasziniert von der Energie und Lebendigkeit, die diese Stadt ausstrahlt. In einer Serie von großformatigen Gemälden und in Mischtechnik ausgeführten kleineren Formaten, die sie *Amando Berlino* (Eine Liebe zu/in Berlin) nennt, setzt sie sich nun mit den neuen architektonischen Wahrzeichen Berlins auseinander. Sie ist überwältigt von der transparenten Kuppel von Sir Norman Fosters Reichstagsgebäudes, von der außergewöhnlichen Struktur

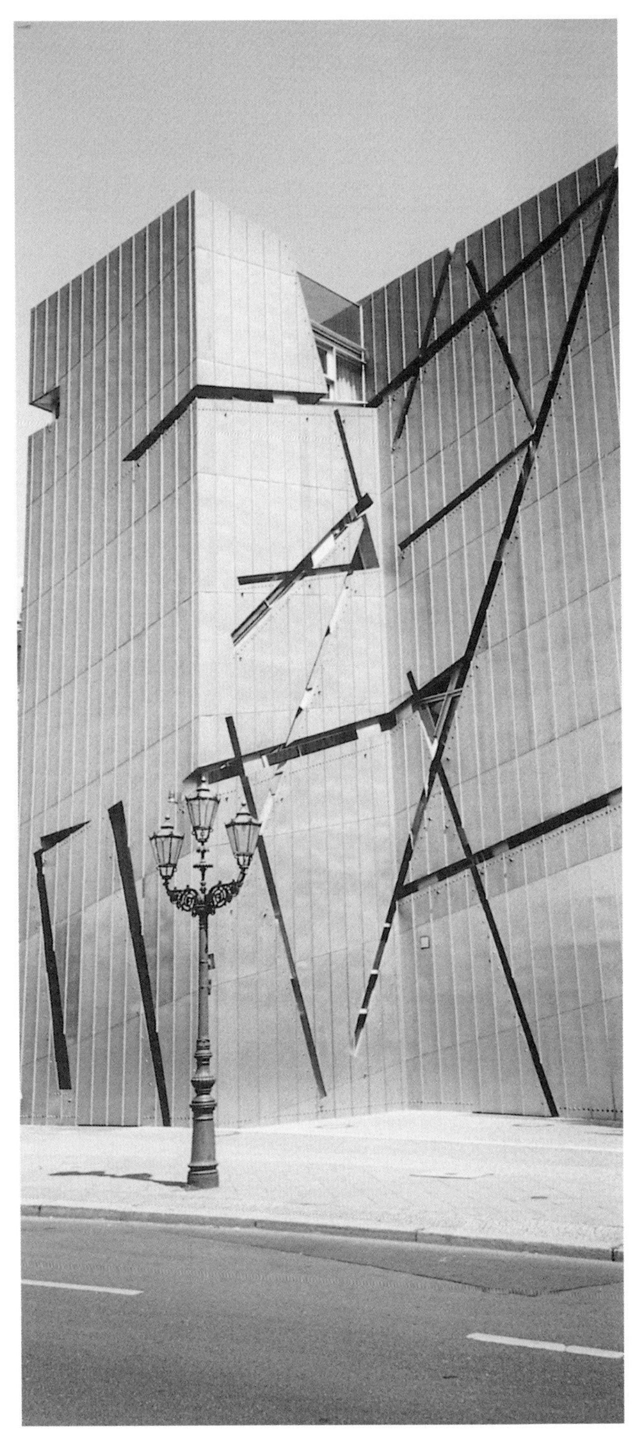

Jüdisches Museum,
Berlin, 2004

und Formenwelt des Jüdischen Museums von Daniel Libeskind und von dem gewaltigen Raumerlebnis, das der Potsdamer Platz mit den Hochhaustürmen vermittelt.

Nach der Verhüllungsaktion des Reichstagsgebäudes durch Christo und Jean-Claude im Sommer 1995 wurde der Reichstag von Sir Norman Foster in seiner jetzigen Gestalt zum Parlament, dem Deutschen Bundestag umgebaut. Der neoklassizistische Koloss, der während des Kalten Krieges die Grenze zwischen Ost und West markierte, zeigt mit den Graffitis sowjetischer Soldaten auf den Parlamentsfluren die Spuren seiner Eroberung im Jahr 1945. Das Gebäude krönt eine gläserne Kuppel, die symbolisch für die Offenheit und das demokratische Selbstverständnis der neuen Republik steht. Der Besucher kann auf einer Spirale in den Scheitelpunkt der Kuppel steigen und dem Parlament bei der Arbeit zusehen, das direkt unter ihm tagt. Von hier aus eröffnet sich ihm auch ein Panorama des neuen Berlin.

Daniel Libeskinds Berliner Jüdisches Museum hat schon während seiner Bauzeit weltweite Aufmerksamkeit erregt. In seiner äußeren Gestalt – die zersplitterte, metallene Fassade – und in seiner inneren Struktur – den Voids, dem Holocaustturm, den labyrinthischen Achsen und dem gekippten Exilgarten – bringt das Gebäude die Erinnerung an die Berliner jüdische Geschichte und ihre Auslöschung während des Nationalsozialismus zum Ausdruck.

Fünfzig Jahre fristete der einst pulsierendste Ort der Stadt, der Potsdamer Platz, ein Schattendasein am Rande der Weltgeschichte. In der Weimarer Republik symbolisierte er als verkehrsreichster Platz Europas das Tempo der Großstadt. Im Kriege völlig zerstört, wurde er ein Unort mit Todesstreifen, Mauer und Stadtbrache, eingezwängt zwischen den politischen Systemen. Heute versucht der Potsdamer Platz mit seinen Hochhäusern, Einkaufspassagen, Hotels, Restaurants, Theatern und Kinos sowie seinem unterirdischen Verkehrslabyrinth an die Dynamik einer vergangenen Metropole anzuknüpfen. Hier ist eine neue Stadt in der Stadt entstanden, die von den Berlin-Besuchern als neues Zentrum wahrgenommen wird.

Alle diese Bauten sind schon beinahe zu Tode fotografiert worden, sie sind Zeichen des wiedererstandenen Berlin und dienen inzwischen längst als Werbeträger für das Stadtmarketing. Miresi nimmt sich dieser fast abgegriffenen Motive – die jeder zu kennen glaubt – an und verwandelt sie in ihrem harten expressionistischen Malduktus in stürzende Linien, aufgelöste Strukturen und grobe Farbflächen, die meist scharf konturiert sind. Schwarz dominiert. Diese Farbarchitekturen sind nicht mehr greifbare Abbilder der realen Welt, sie sind vielmehr Ausdruck eines Lebensgefühls, einer Energie, einer Dynamik, die die Künstlerin in dieser Stadt im Atmosphärischen wahrnimmt.

Für Miresi hat die Farbe emotionale Qua-

lität, nicht die reinen sondern die gebrochenen und düsteren Töne überwiegen. Die strenge silberne Geometrie des Libeskindbaus zersplittert in einem chaotischen Farbwirbel. Die gläserne Reichstagskuppel verwandelt sich in ein schwindelerregendes Karussell und von den Hochhäusern des Potsdamer Platzes bleiben am Ende – auf das Minimalste reduziert – nur noch schwarze, lichtdurchschienene Linien. Miresi hat diese sonst übervölkerten Orte entleert, hat die Menschen und die Natur daraus verbannt, um die solitäre Kraft der Architektur zu betonen. Gemäß ihres Credos: „Ich bin meinerseits weder darum verlegen, gestern die Abstraktion und heute die Gegenständlichkeit praktiziert zu haben, noch zögere ich gleichzeitig in beide Richtungen zu agieren" entfernt sich Miresi mit ihrer Berliner Stadtbilderserie *Amando Berlino* vom sehr Gegenständlichen der Orte und Bauten, um in der Abstraktion die Energien und die Dynamik Berlins und seiner neuen Wahrzeichen einzufangen. Sie, die im Transitorischen zwischen Berlin und Mailand beheimatet ist, erlebt und erfährt daher unsere Stadt ursprünglicher und distanzloser als es uns – den hier ständig Lebenden – noch gelingen könnte.

Amando Berlino

HFB

> You mustn't think that a straight line is merely cold and rigid. Rather, you must draw it with great excitement and observe its course carefully. One moment it might be thin, the next quite thick, betraying a slight nervous trembling. Aren't our big city landscapes simply mathematical battlefields? How the triangles, squares, rectangles and circles simply assault us on the streets. Straight lines shooting in all directions, points pricking us on all sides.
>
> Ludwig Meidner, *Guide to Painting City Landscapes*, 1914

The city has always been an attractive subject for artists. As late as the nineteenth century, the Veduta method of painting offered the only possibility for capturing the doings and dealings of a big city on canvas. The views, perspectives and panoramas created through this technique furnished a faithful copy of a particular city, complete with its buildings, streets, squares and districts, at a specific point in history. With the advent of new media such as photography and film, and new forms of artistic expression such as those realized by the impressionist, expressionist, surrealist and abstract movements, this representational function of painting has yielded in importance to a more individualized view of the city. The turmoil of the twentieth century, the numerous wars and genocide have altered many European cities beyond recognition. Symbols and images that were carved in stone for centuries have disappeared, and new ones are emerging to take their place.

Since the end of its division, Berlin has experienced tremendous changes. The wall that divided the city has vanished, has become a museum piece, and is only visible in some parts of the city center as a mark in the pavement. Formerly desolate streets and squares have been transformed into a vibrant, lively city landscape in a few short years. A new wave of construction has changed entire districts in the city center. A great deal has been renovated, and much more has risen from the ground seemingly overnight. In the '90s, the ubiquitous excavations and cranes were clear proof of Berlin's rebirth. New landmarks have emerged on the city skyline that serve as points of reference for tourists while adding to the Berliners' own sense of identity.

Since the mid-'90s, the Italian painter Miresi, who lives in Milan and Berlin, has been an eyewitness to the radical changes in this city. She is fascinated by the energy and liveliness Berlin exudes. In the series *Amando Berlino* (*Loving Berlin*), which comprises both large-format paintings and mixed-media pieces in smaller formats, Miresi explores the new architectural symbols of Berlin. She is overwhelmed by the transparent dome designed by Sir Norman Foster for the Reichstag, but also by the remarkable structure and wealth of forms in Daniel Libeskind's Jewish Museum, and by the powerful experience of space conveyed by the skyscrapers on Potsdamer Platz.

Christo and Jean-Claude wrapped the Reichstag in the summer of 1995. In the years that followed, the Reichstag building was renovated by Sir Norman Foster, who redesigned the space to accommodate the German Bundestag. This neo-classical colossus marked the boundary between East and West during the Cold War. Traces of the building's capture in 1945 can still be seen in the parliamentary corridors in the graffiti scrawled by Soviet troops. The building is crowned by a glass dome–symbol of the transparency and democratic identity of the new republic. Visitors can ascend a spiral stairway to the vertex of the dome and observe the Bundestag convening directly below them, or gaze out at the panoramic view of the new Berlin.

Daniel Libeskind's Jewish Museum was attracting international attention even as it was being built. In both its outer form, with the fragmented metallic façade, and its inner structure, with the voids, the Holocaust Tower, the labyrinthine axes and the slanted Garden of Exile, the building gives expression to the memory of Jewish history in Berlin and its eradication during the National Socialist years.

For fifty years after World War II, the Potsdamer Platz, once the most vibrant spot in the entire city, existed in the shadows of world history. During the Weimar Republic the square had boasted the most vehicular traffic in all of Europe and symbolized the fast pace of the big city. It was completely destroyed in the war and then became part

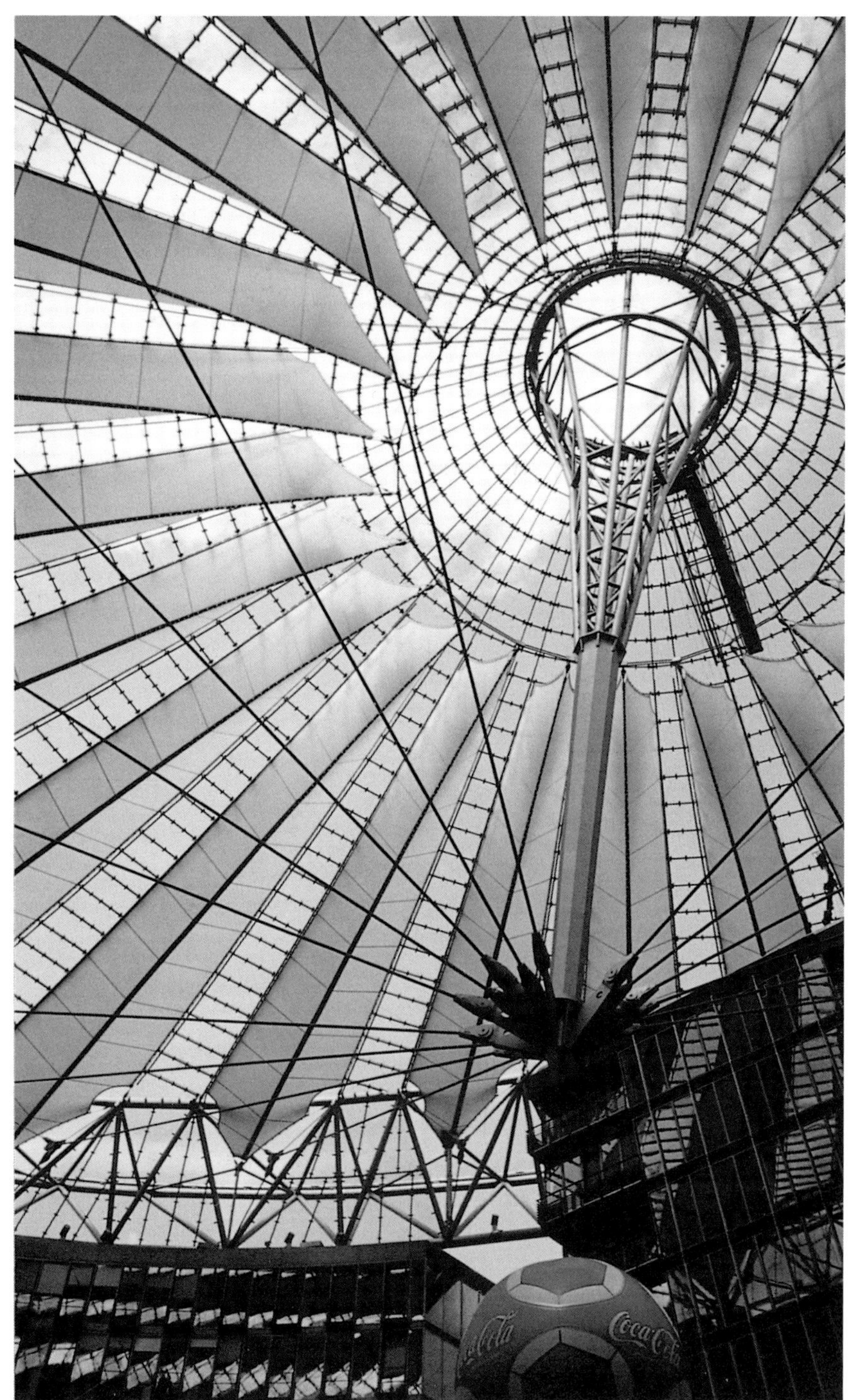

of the no-man's-land sandwiched between two political systems. With its skyscrapers, shopping malls, hotels, restaurants, theaters and cinemas, today's Potsdamer Platz is trying to reconnect with the vibrancy of a bygone metropolis. A new city has sprung up within the city, and visitors to Berlin are beginning to perceive it as the real city center.

These buildings have all been photographed time and again. They offer proof that Berlin has risen once more and have thus become indispensable to the city's marketing campaign. Miresi takes these almost hackneyed motifs, which nearly everyone claims to have seen, and in her characteristic, harshly expressionistic style of painting she turns them into plunging lines, dissolved structures and rough, colored surfaces with sharp contours. Black dominates. This color architecture is much more than a tangible reproduction of the real world: it is the expression of a sense of life, of an energy, a vitality that the artist perceives in the city's atmosphere.

Color has a certain emotional quality for Miresi. Fragmented, dark hues prevail over pure tones. The severe silver geometry of the Libeskind building shatters into a chaos of color. The glass dome of the Reichstag is transformed into a dizzying carousel, and in the end all that remains of the skyscrapers at Potsdamer Platz–reduced to the minimum–are a few black, translucent lines. Miresi has emptied these places of all activity, has banished people and nature in order to emphasize the solitary power of architecture. In keeping with her credo ("I, for one, don't feel any embarrassment at having practiced first the abstract and then the realistic; nor would I hesitate to be active on both sides of the divide simultaneously."), Miresi distances herself in her series *Amando Berlino* from the objectiveness of places and buildings. She turns to abstraction to capture the energies and vitality of Berlin and its new symbols. She who is most at home "on the go" between Berlin and Milan, thus experiences our city more originally, more closely than we–who live here constantly–could ever hope to.

L'arte astratta si sviluppa dai presupposti del simbolismo e dei modernismi che ne conseguono. Anche l'espressionismo accoglie la lezione spiritualista come pensiero centrale del proprio linguaggio. L'arte e la poetica di Kandinskij rappresentano in questo caso una strepitosa conferma.

Tuttavia il processo di astrazione del simbolismo da un lato prefigura un'arte che abbandona ogni principio di verosimiglianza rispetto alla realtà, da un altro lato spinge la realtà stessa, e le immagini che la rappresentano, verso il territorio delle idee. Se mi si concede una metafora, potrei dire che il simbolismo trascura l'identità oggettiva a vantaggio di una più ampia identità ideale, esemplare ed insieme universale.

Le due rotte non sono antitetiche ma complementari. Da parte mia non trovo imbarazzo ad aver praticato l'astrazione ieri e la rappresentazione oggi, né esito ad agire contemporaneamente su entrambe i versanti. Qualsiasi battaglia tra l'arte cosiddetta figurativa e l'arte astratta è solo una battaglia di retroguardia, rappresenta solo il provincialismo della cultura.

Credo che i miei personaggi di oggi, i miei "inquisiti/inquisitori", siano tanto "astratti" simboli dell'allucinazione di fine secolo, quanto le mie tele astratte sono tangibili e reali testimonianze delle energie, delle tensioni emotive e psichiche del nostro tempo.

Die abstrakte Kunst entwickelt sich aus den Voraussetzungen des Symbolismus und der Modernismen, die daraus hervorgehen. Auch der Expressionismus nimmt die spiritualistische Lektion als zentralen Gedanken des eigenen Ausdrucks auf. Die Kunst und Poetik von Kandinskij repräsentieren in diesem Fall eine großartige Bestätigung.

Dennoch nimmt der Abstraktionsprozess des Symbolismus einerseits eine Kunst vorweg, die jegliches Prinzip von Wirklichkeitsnähe aufgibt, andererseits treibt er die Realität selbst und die Bilder, die sie repräsentieren, hin zum Bereich der Ideen. Wenn mir der Gebrauch einer Metapher gestattet ist, könnte ich sagen, dass der Symbolismus die objektive Identität zugunsten einer weitergefassten ideellen Identität vernachlässigt, die exemplarisch und zugleich universell ist.

Diese beiden Richtungen sind nicht antithetisch, sondern, im Gegenteil, komplementär. Ich bin meinerseits weder darum verlegen, gestern die Abstraktion, heute die Gegenständlichkeit praktiziert zu haben, noch zögere ich, gleichzeitig in beide Richtungen zu agieren. Jeglicher Kampf zwischen der so genannten figurativen Kunst und der abstrakten Kunst ist lediglich ein Kampf mit der Nachhut, der nur den Provinzialismus der Kultur verdeutlicht.

Ich glaube, dass meine derzeitigen Gestalten, meine „inquisiti/inquisitori" (Erforschten-Forschenden), ebenso „abstrakte" Symbole der Halluzination des zu Ende gehenden Jahrhunderts sind, wie meine abstrakten Gemälde, fassbare und reale Zeugnisse der Energien, der gefühlsmäßigen und psychischen Spannungen unserer Zeit darstellen.

Abstract art evolved out of notions in symbolism and the modernisms that followed it. Even expressionism welcomed its spirit as the central thought in its own idiom. Kandinskij's art and poetics represent a confirmation of note and a case in point.

Nevertheless, the abstraction process in symbolism prefigures an art that abandons all likeness of things real, ant yet again pushes reality and the images that represent it into the realm of the intangible. If I might use a metaphor, I would say that symbolism neglects identifiable realities for a wider reality of visions, both exemplifying and universal.

These two avenues are not diametrically opposed but complement each other. I, for one, do not feel any embarrassment at having practiced first the abstract and then the realistic; nor would I hesitate to be active on both sides of the divide simultaneously. Whatever conflict may exist between so-called figurative and abstract art is a rearguard action and is nothing but a provincialism in the general scene of things artistic.

I feel that the characters I paint today–my "inquisito/inquisitori" (defendant/interrogator)–are just as much abstract, a hallucination of this century's finale, as my abstract canvases are a tangible and realistic witness of the energies and emotional and psychological tensions of our age.

Miresi, 1999

La mia ultima serie di lavori titolata *Amando Berlino* è nata dal mio amore per questa splendida città dove risiedo da alcuni anni.

Di Berlino amo l'energia e la forza, l'essere al contempo una grande capitale ricca di cultura, divertimenti e parchi, e una città mantenuta a misura d'uomo.

In questi anni ho visto crescere Potsdamer Platz: amo la spettacolarità di questa nuova architettura spesso spinta al limite del possibile. Sono affascinata dalla cupola del Bundestag, così bene inserita nel suo nucleo originale neobarocco dal disegno di Norman Foster. E ogniqualvolta mi reco al Jüdisches Museum mi emoziono davanti al capolavoro di Libeskind per l'insieme dei ritmi ed energie che è riuscito a creare in questa sua monumentale opera. Queste mie tele posso definirle un gesto d'amore ricambiato.

Meine jüngste Reihe von Werken mit dem Titel *Amando Berlino* entsprang meiner Liebe zu dieser wunderschönen Stadt, in der ich seit einigen Jahren lebe.

Ich liebe Berlins Energie und Kraft, die Tatsache dass es eine große, an Kultur, Unterhaltung und Parks reiche Hauptstadt ist und zugleich eine Stadt, die ein menschliches Maß bewahrt hat.

In diesen Jahren habe ich den Potsdamer Platz wachsen sehen: ich liebe das Spektakuläre dieser neuen, bis an die Grenzen des Möglichen getriebenen Architektur. Es fasziniert mich die Kuppel des Bundestags, die nach Norman Fosters Zeichnung so passend in den neobarocken Nukleus eingefügt ist. Und jedes Mal wenn ich ins Jüdische Museum gehe, rührt mich Libeskinds Meisterwerk aufgrund des Zusammenwirkens von Rhythmen und Energien, das er in diesem monumentalen Werk zu schaffen wusste. Meine Bilder kann ich als eine erwiderte Liebesgeste bezeichnen.

My latest series of works entitled *Amando Berlino* was born out of my love for this splendid city where I've been residing for a few years now.

I love the energy and the vitality of Berlin–that it's a big capital full of culture, things to do and parks and at the same time a man-sized city.

During these years I witnessed the growth of Potsdamer Platz: I love the spectacularity of this new architecture, often pushed to the limits of what is possible. I'm fascinated by the Bundestag dome, so well fitted in its original neo-Baroque nucleus by Norman Foster's plan. And every time I go to the Jüdisches Museum I'm moved by Libeskind's masterpiece for the ensemble of rhythm and energy he was able to create in this monumental work of his. I can define these canvases of mine as a gesture of requited love.

Amando Berlino

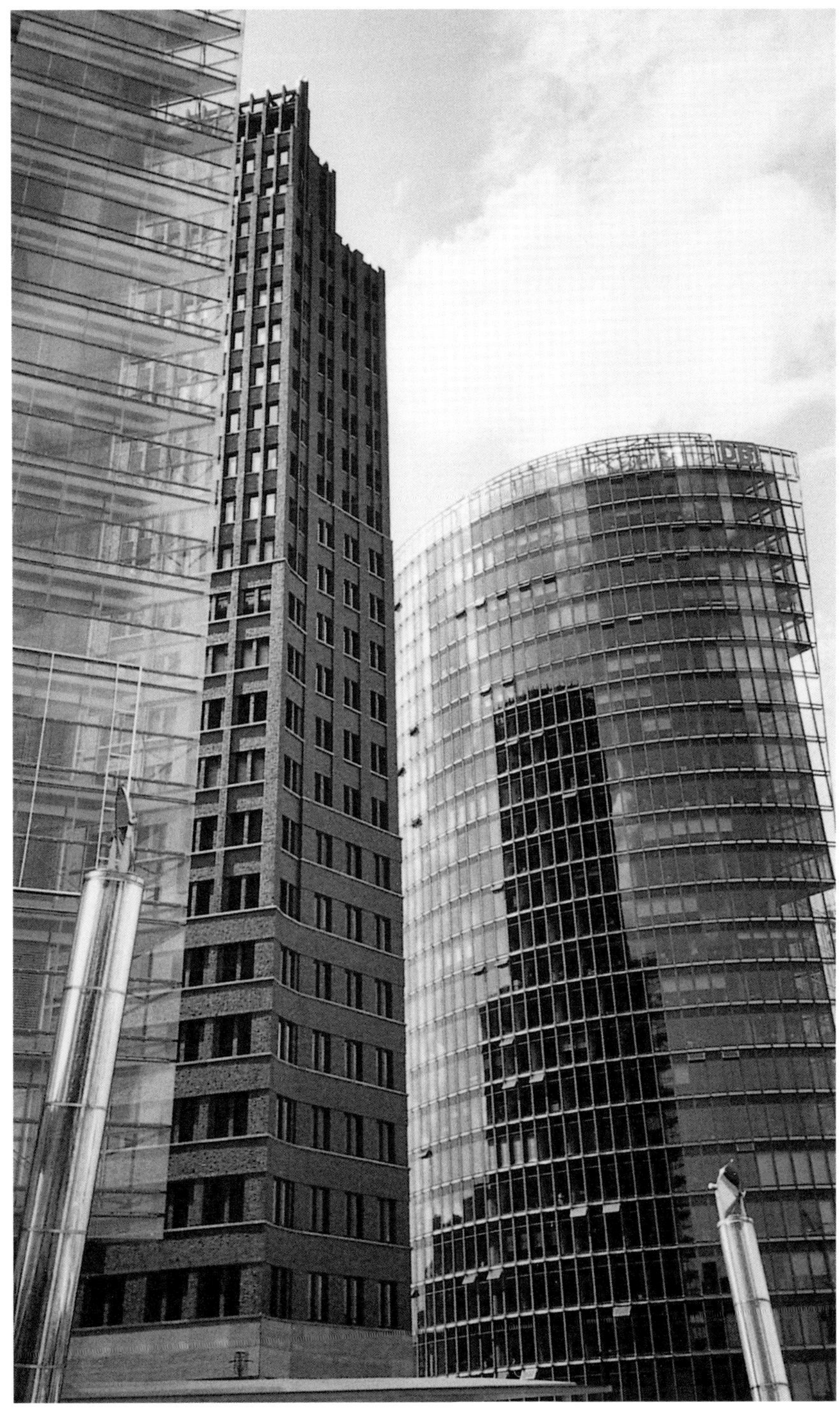

Postdamer Platz,
Berlin, 2004

Studio per Reichstag, 2003

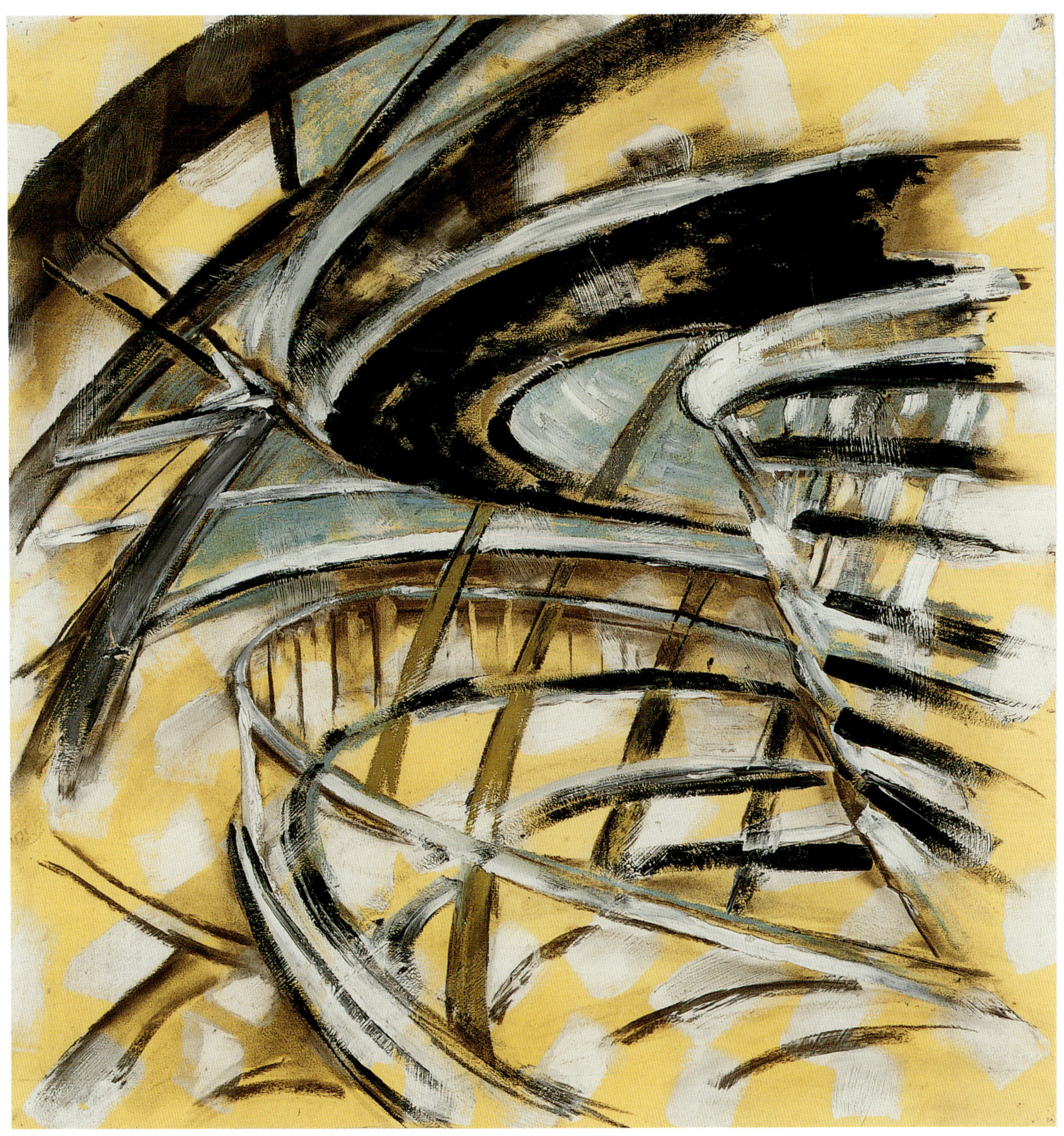

Reichstag, 2003

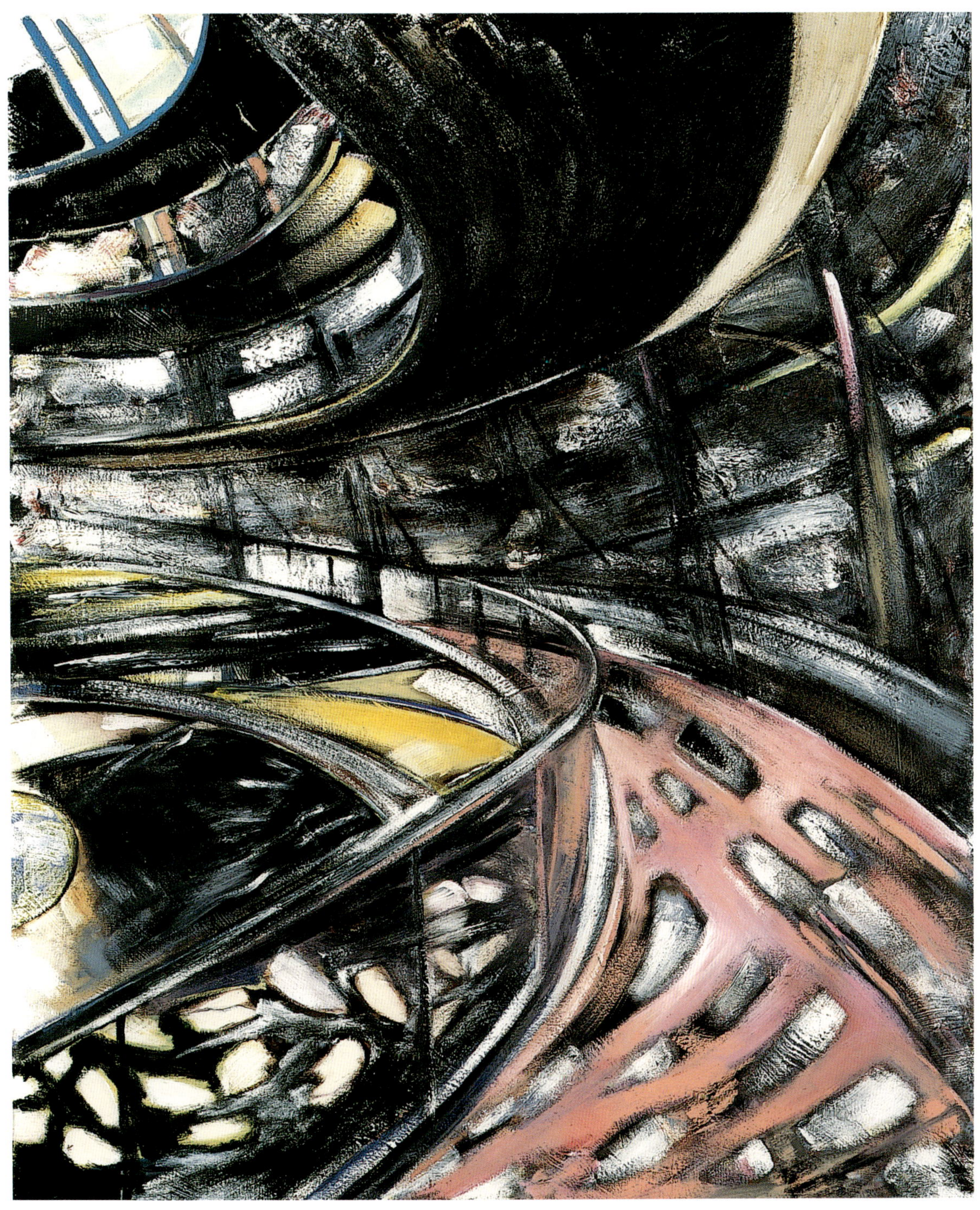

Reichstag, 2004

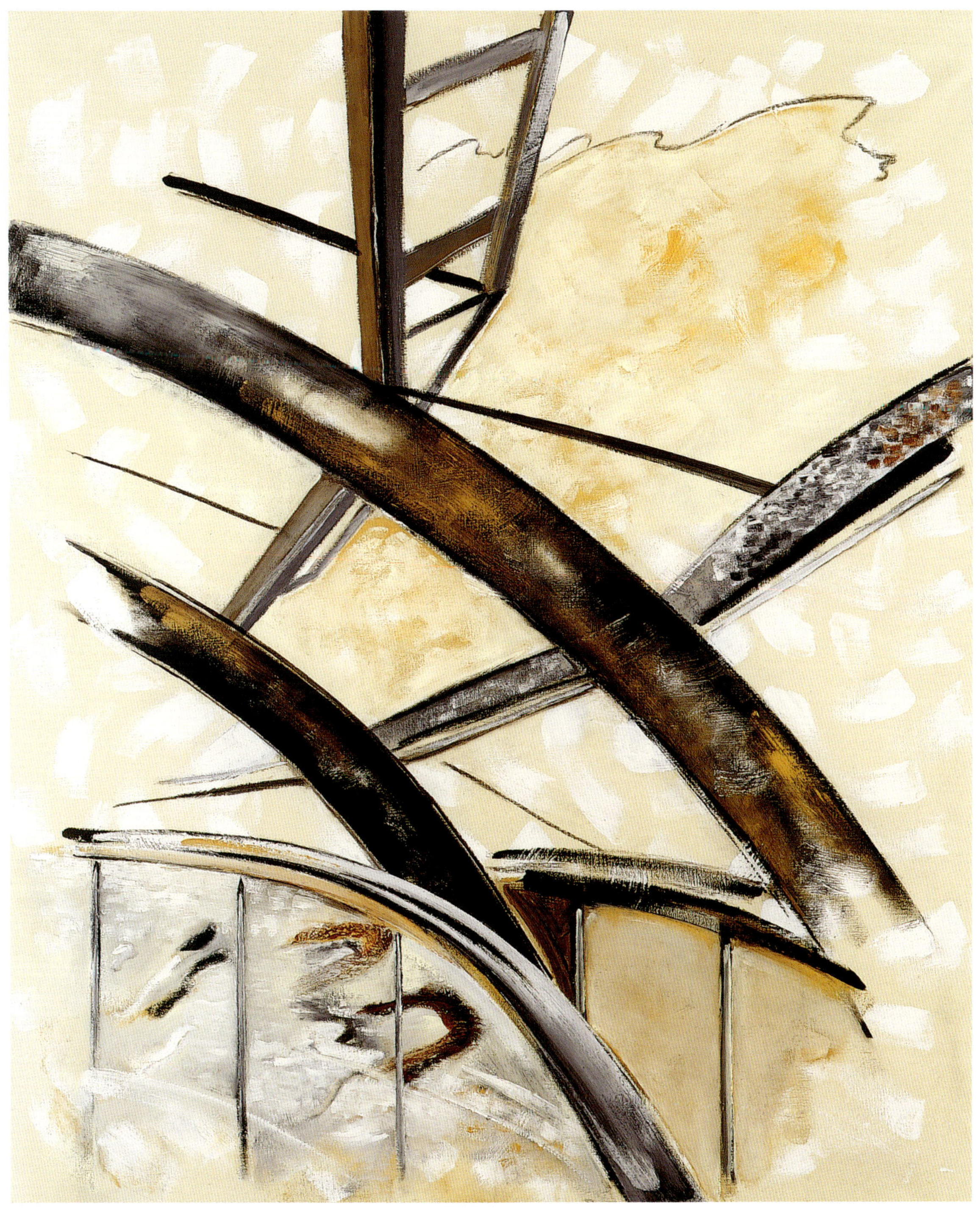

, 2003

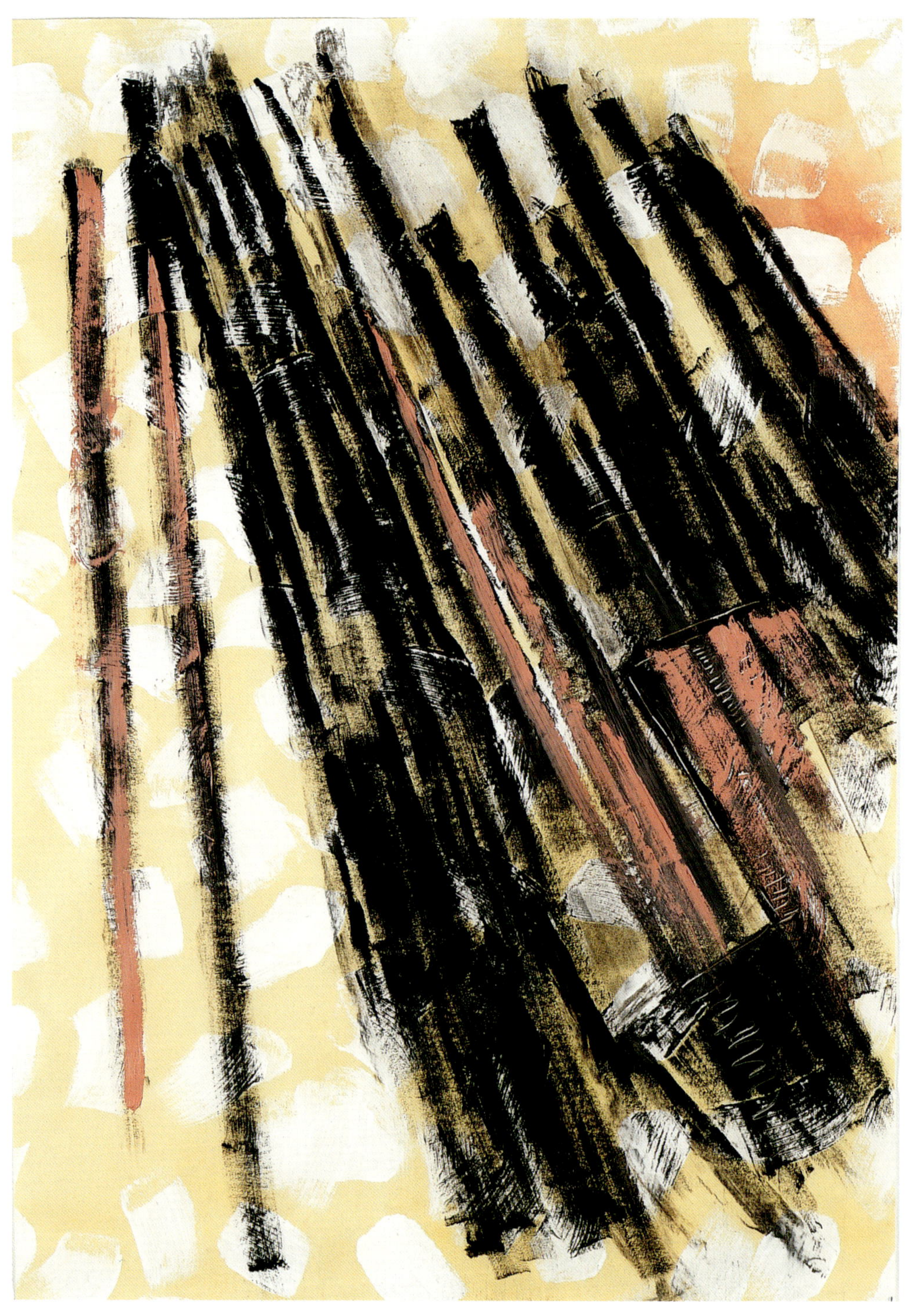

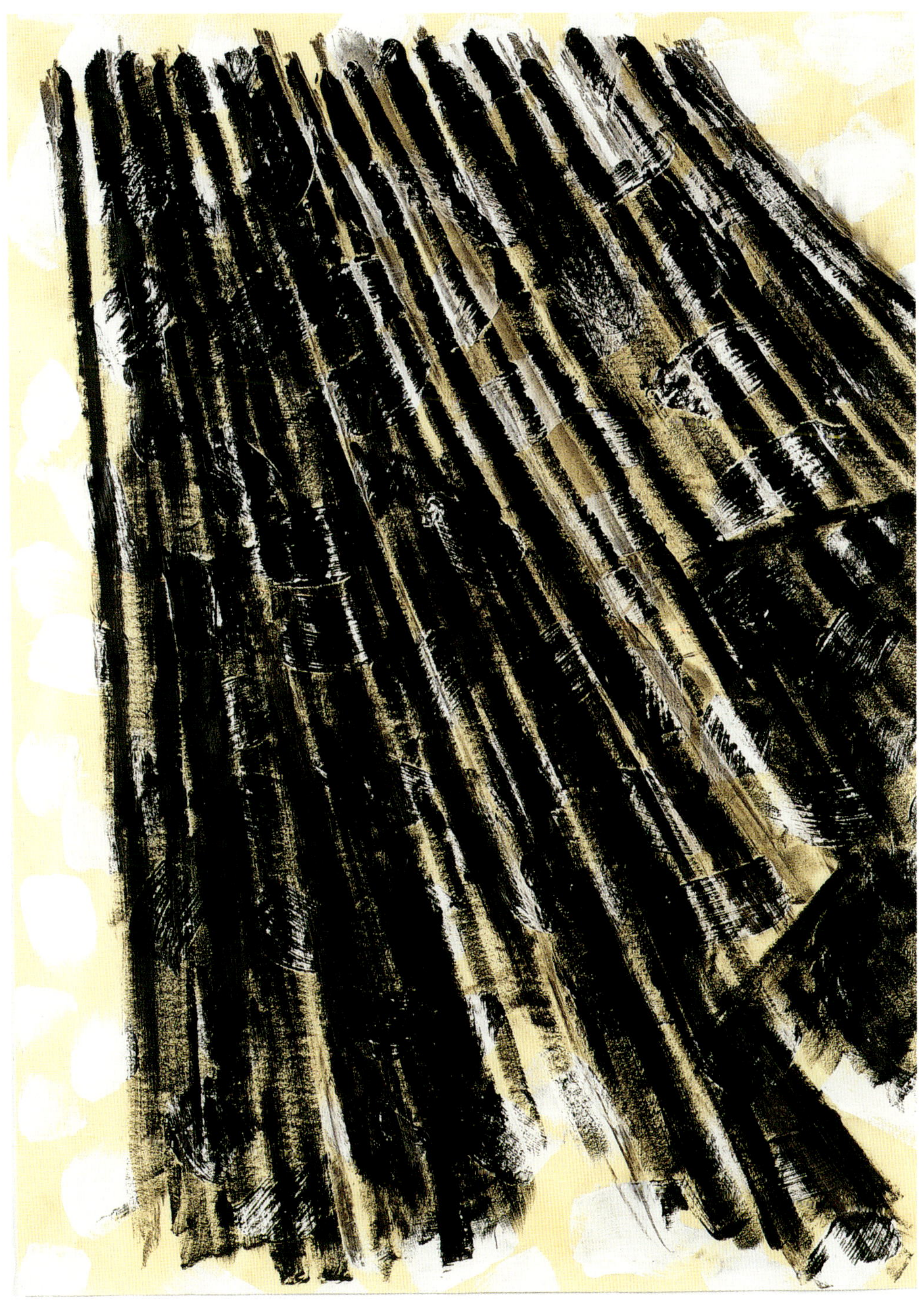

Potsdamer Platz, Sony Center, 2004

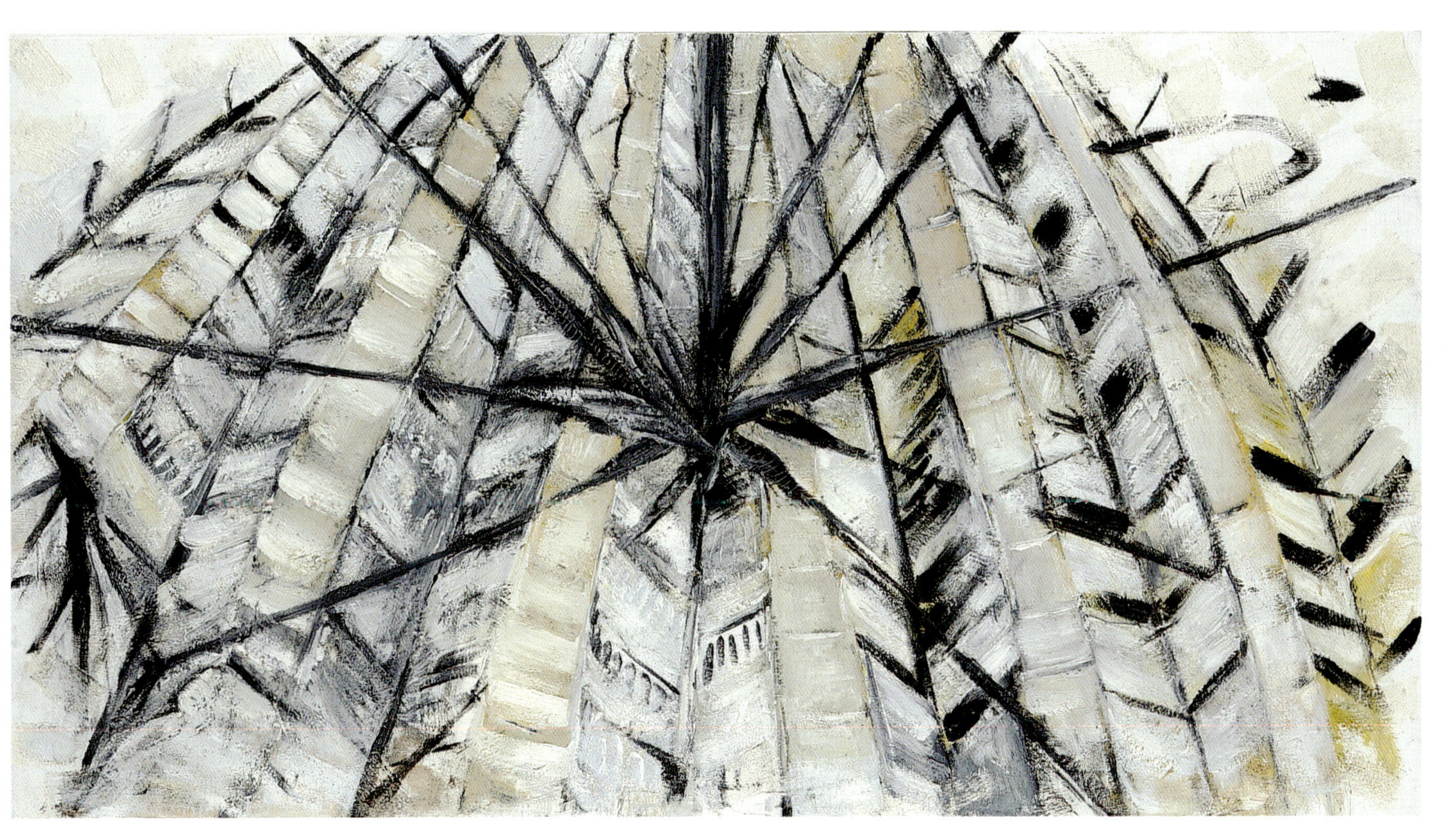

Potsdamer Platz, Sony Center, 2004

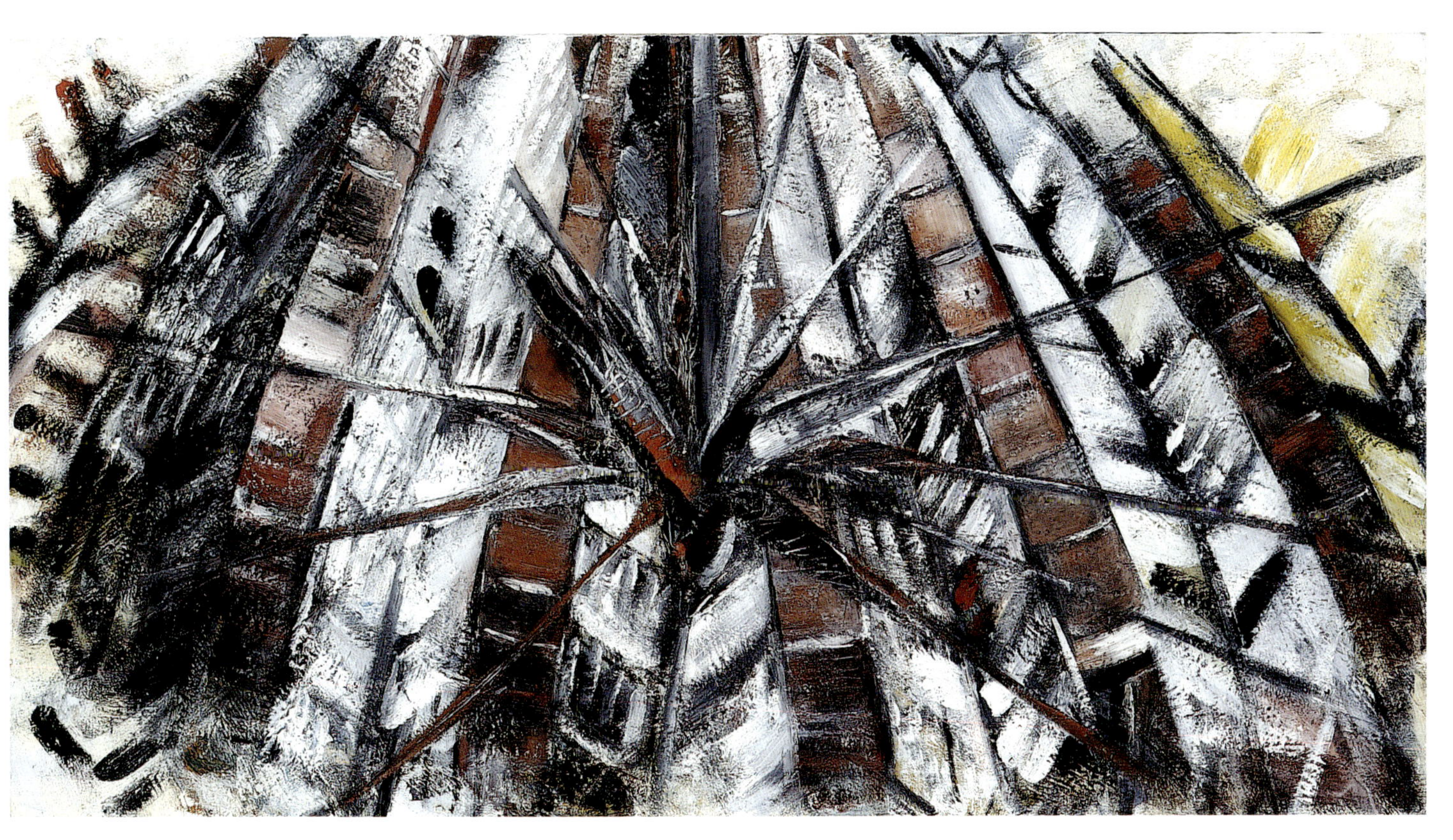

Potsdamer Platz, Sony Center, 2004

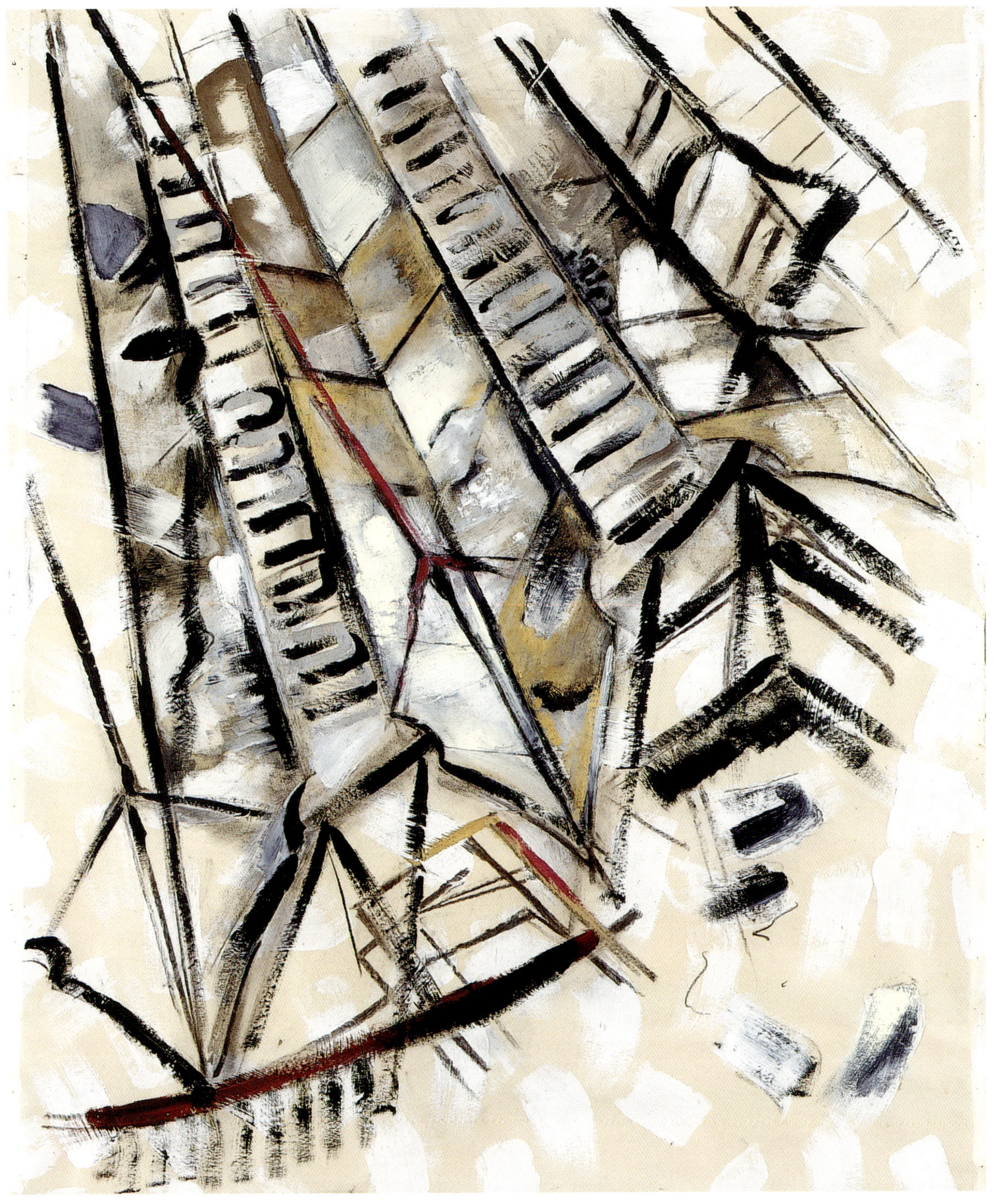

Libeskind's Cathedral, 2004

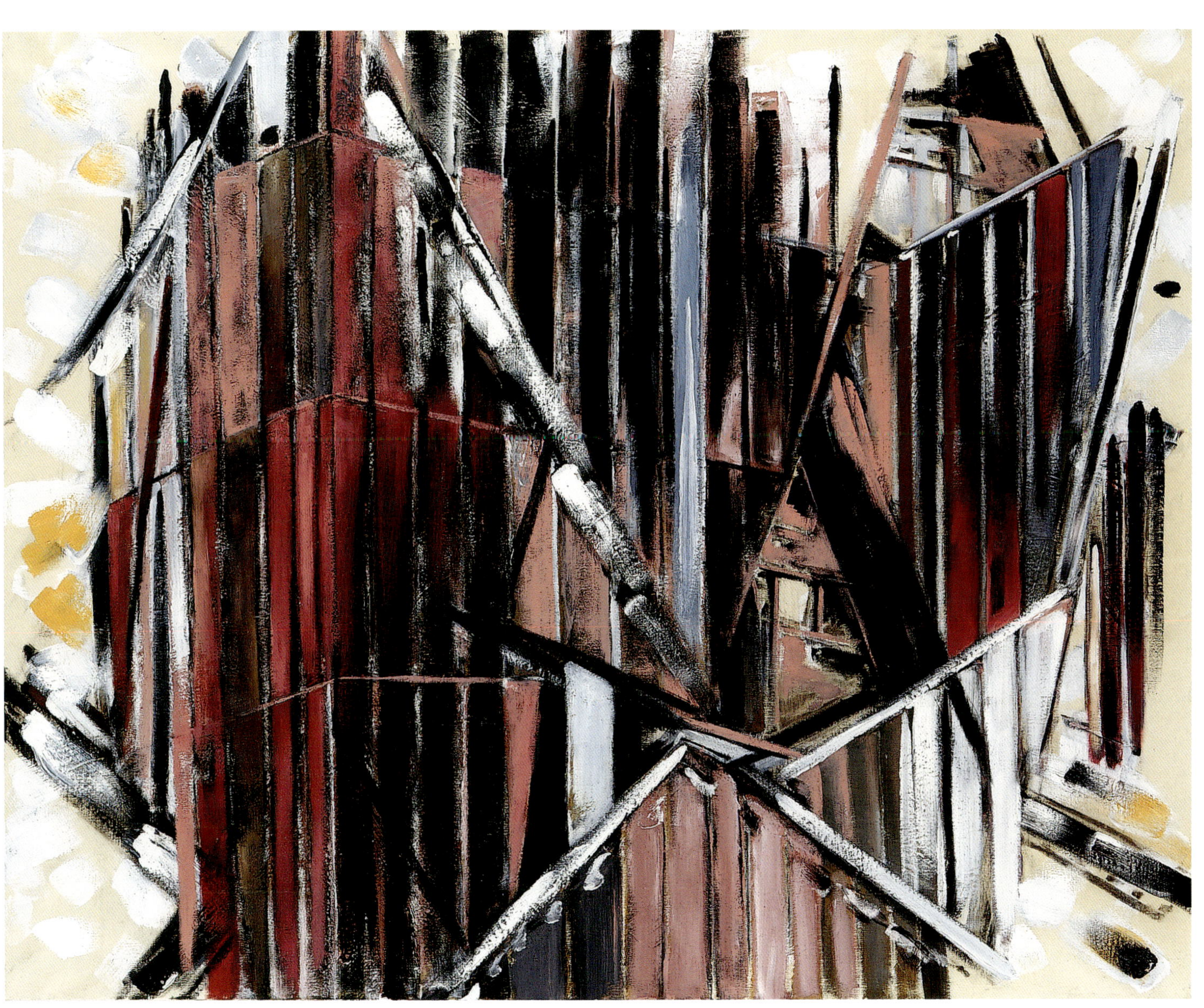

Libeskind's Cathedral n. 2, 2004

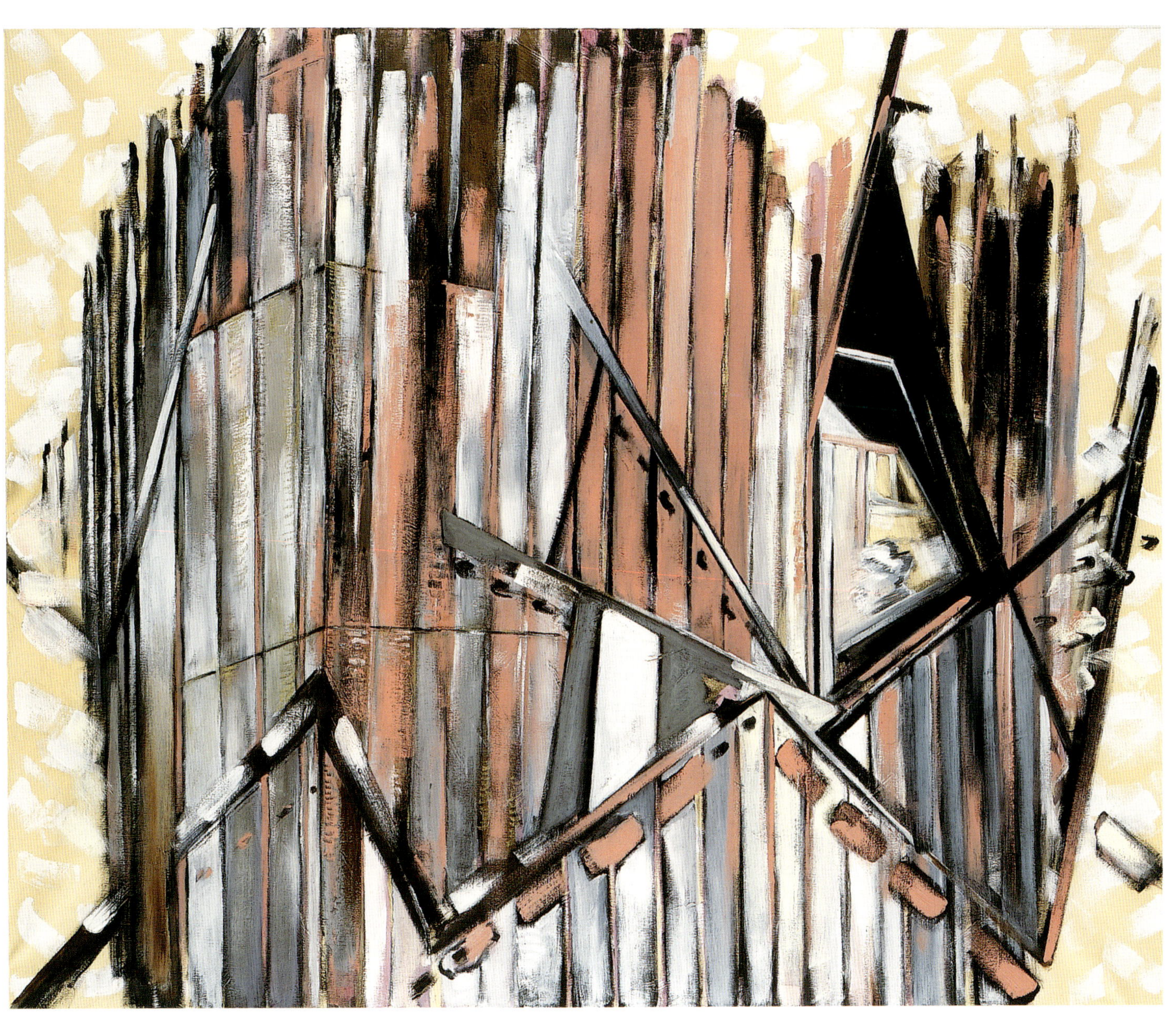

Jüdisches Museum Berlin, 2003

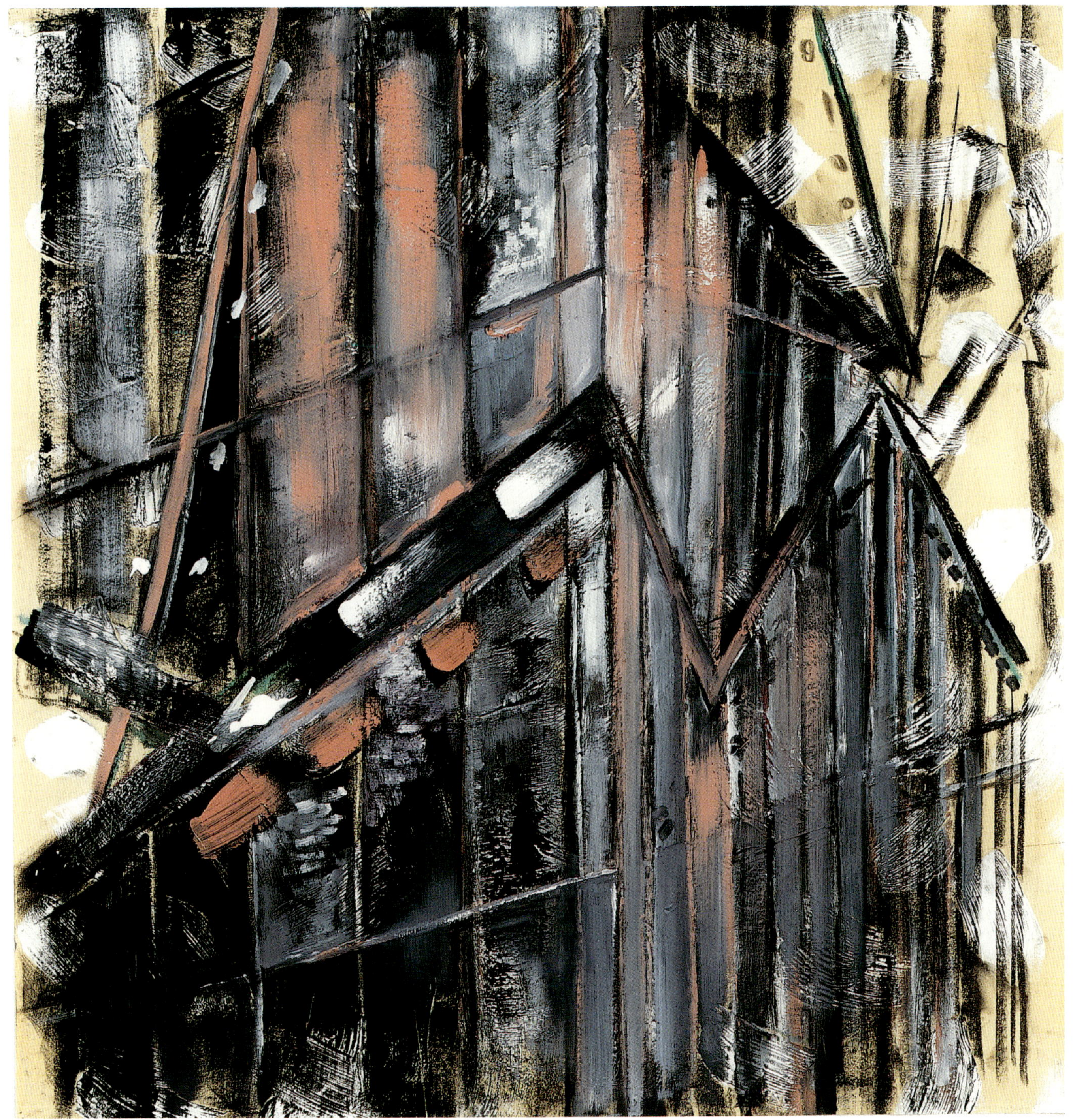

Jüdisches Museum Berlin, 2004

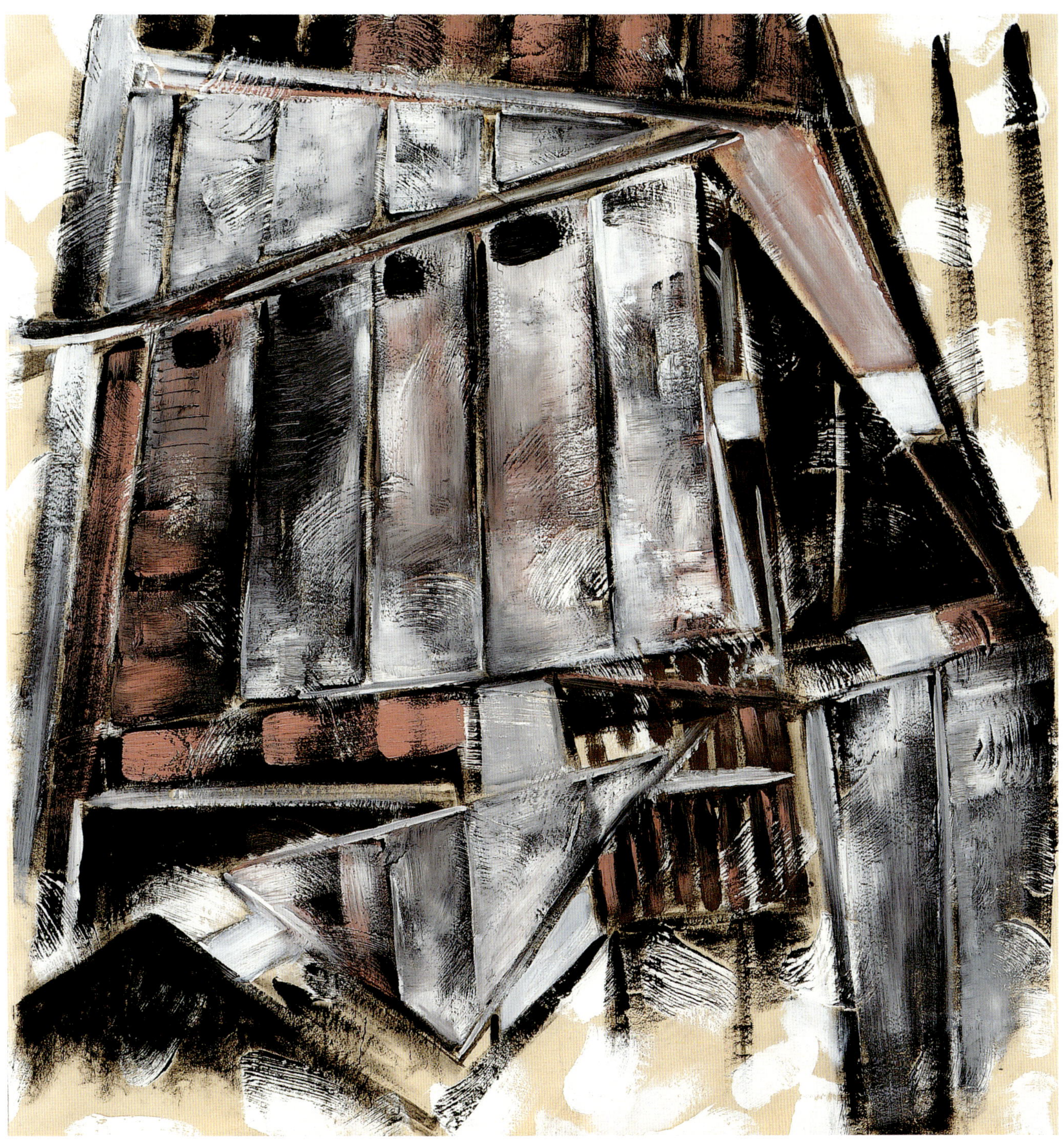

Jüdisches Museum Berlin, 2003

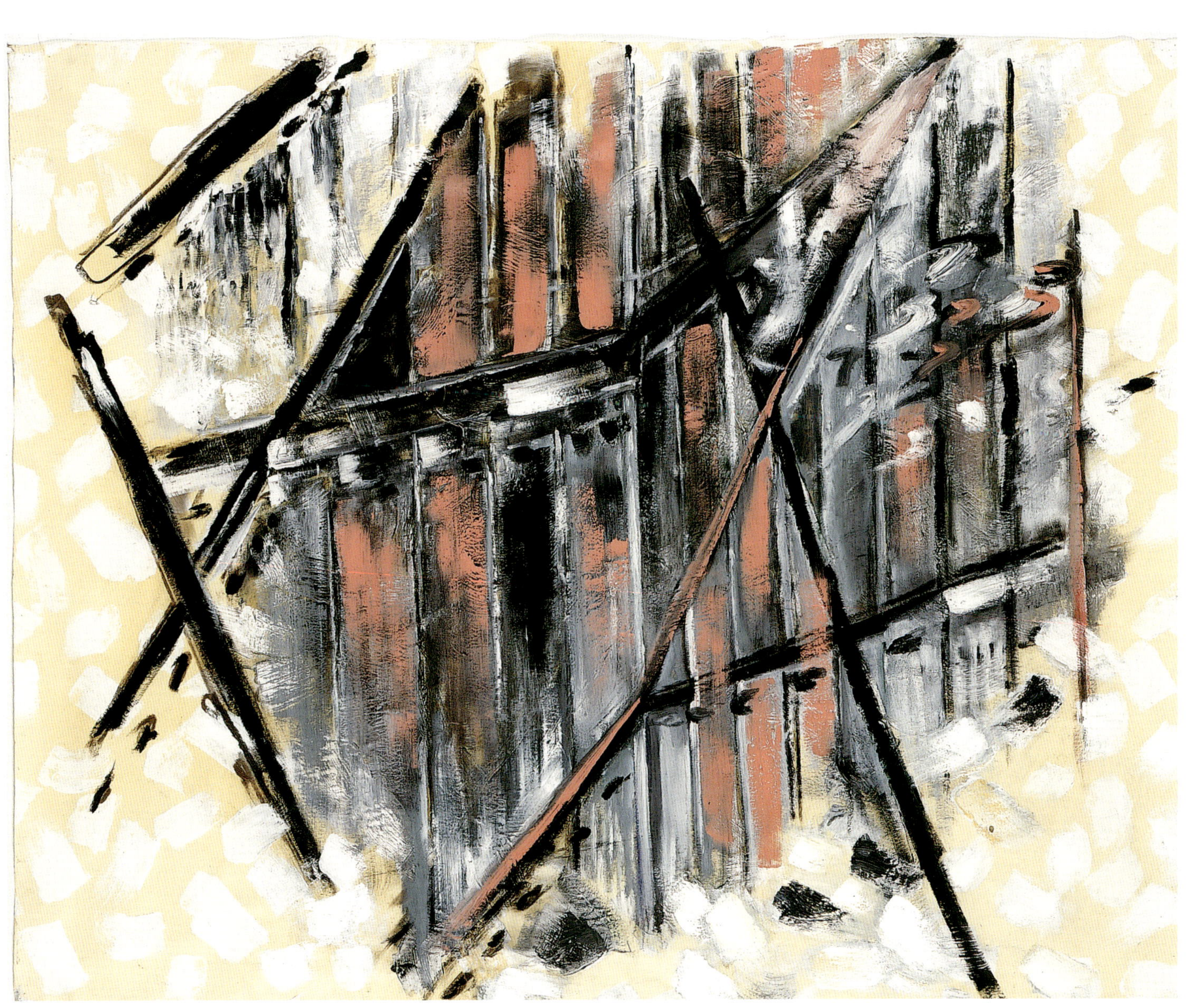

Libeskind's Cathedral n. 3, 2004

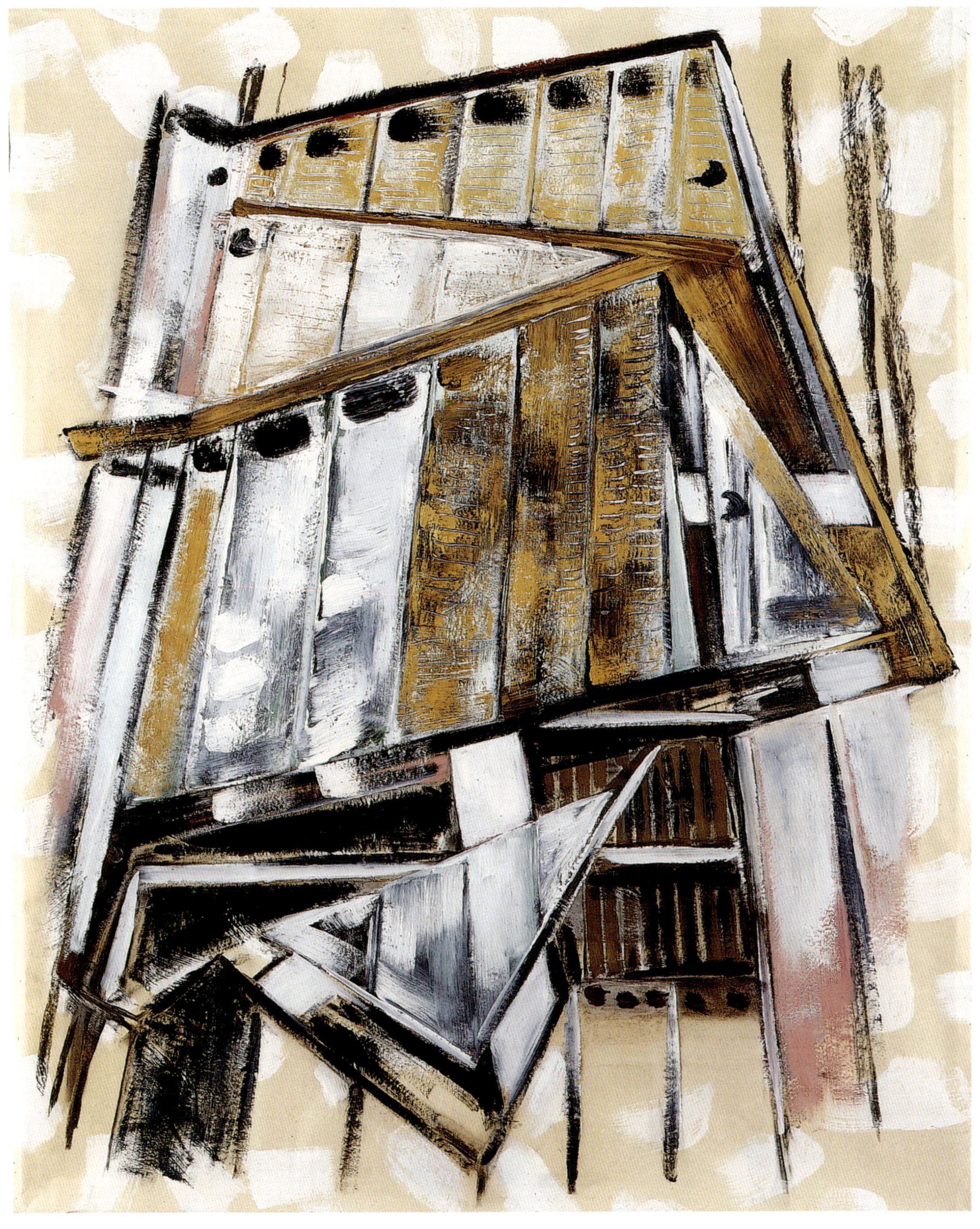

Libeskind's Cathedral n. 4, 2004

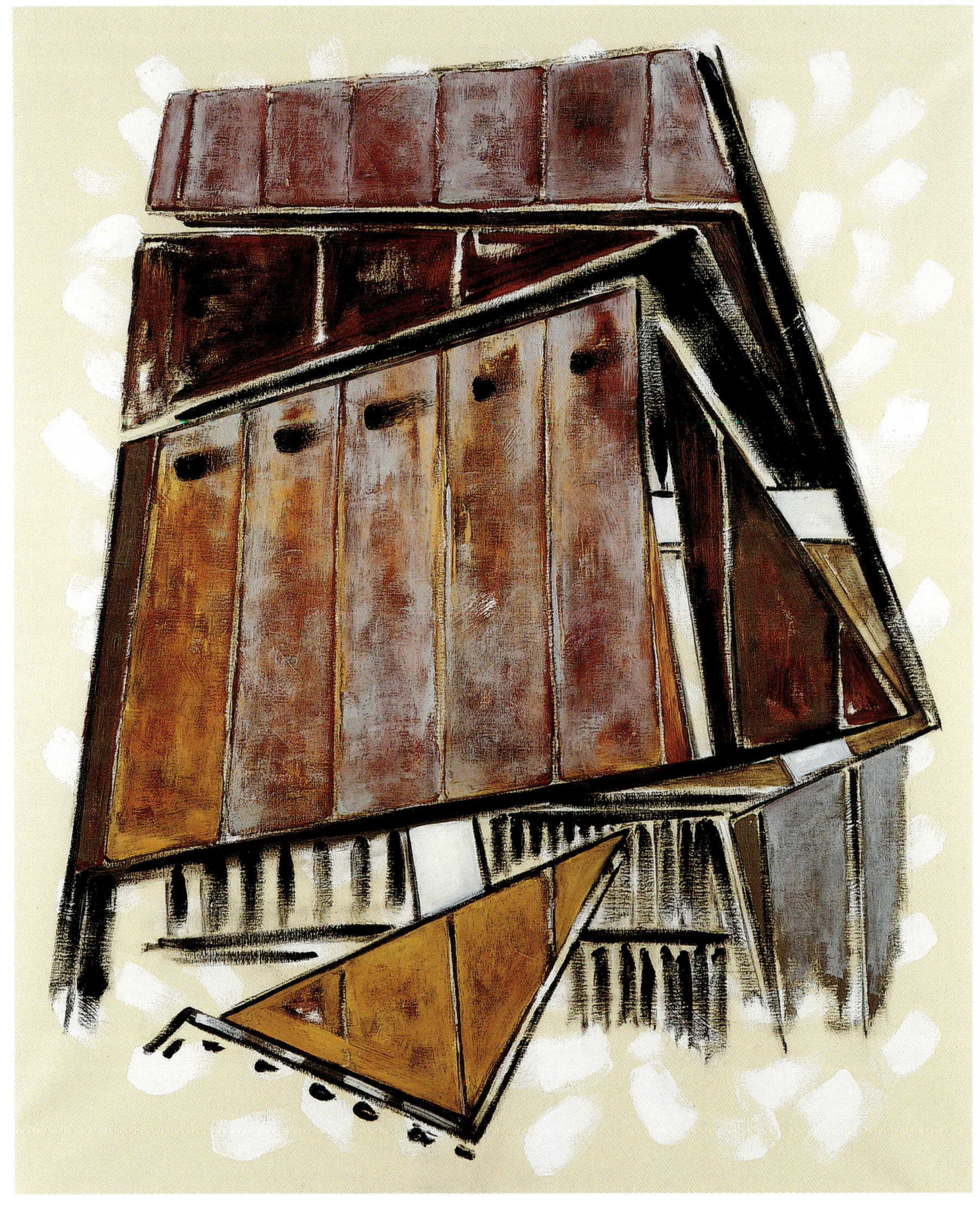

Sinfonia, 2004

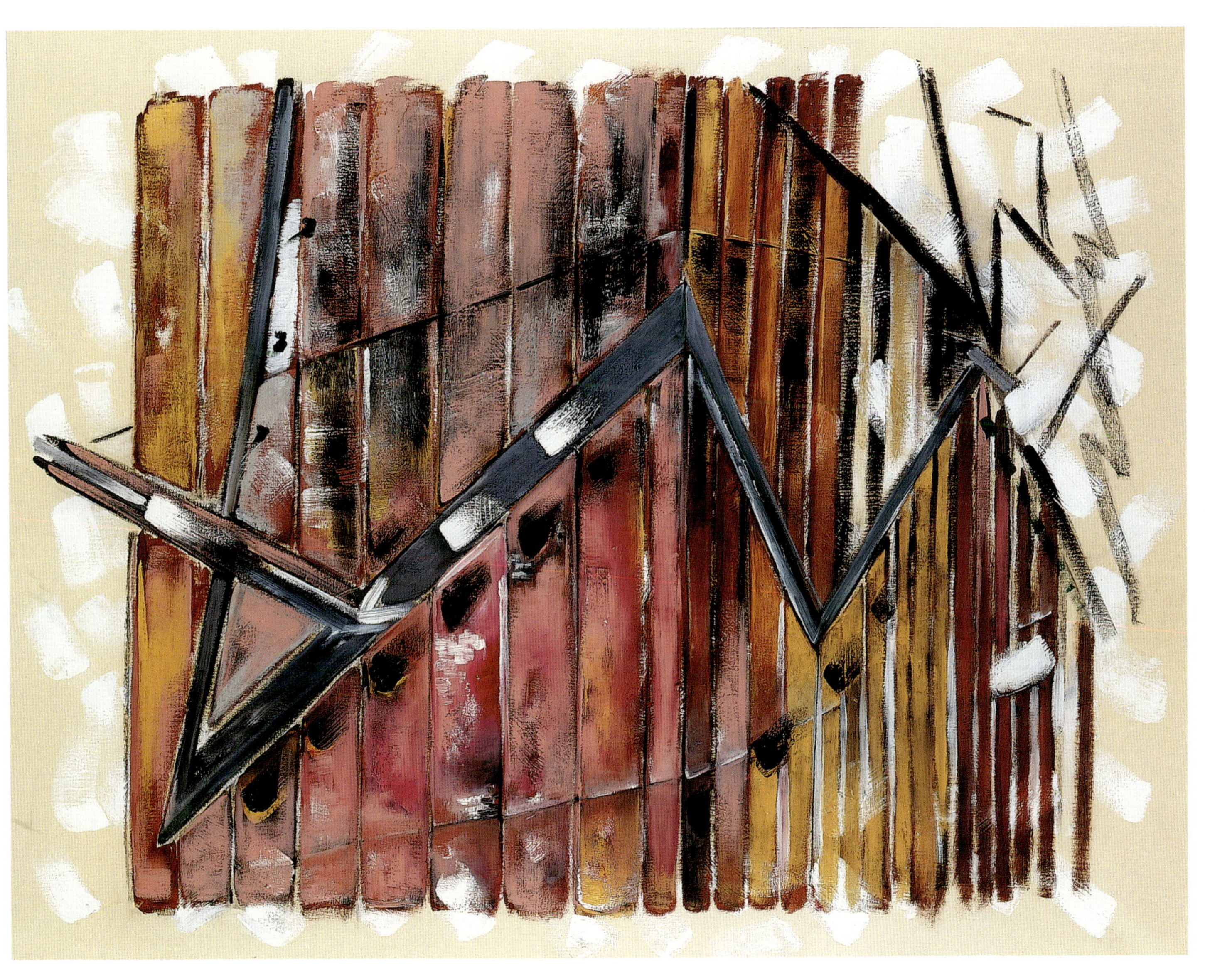

Exil Garten, Jüdisches Museum, 2003

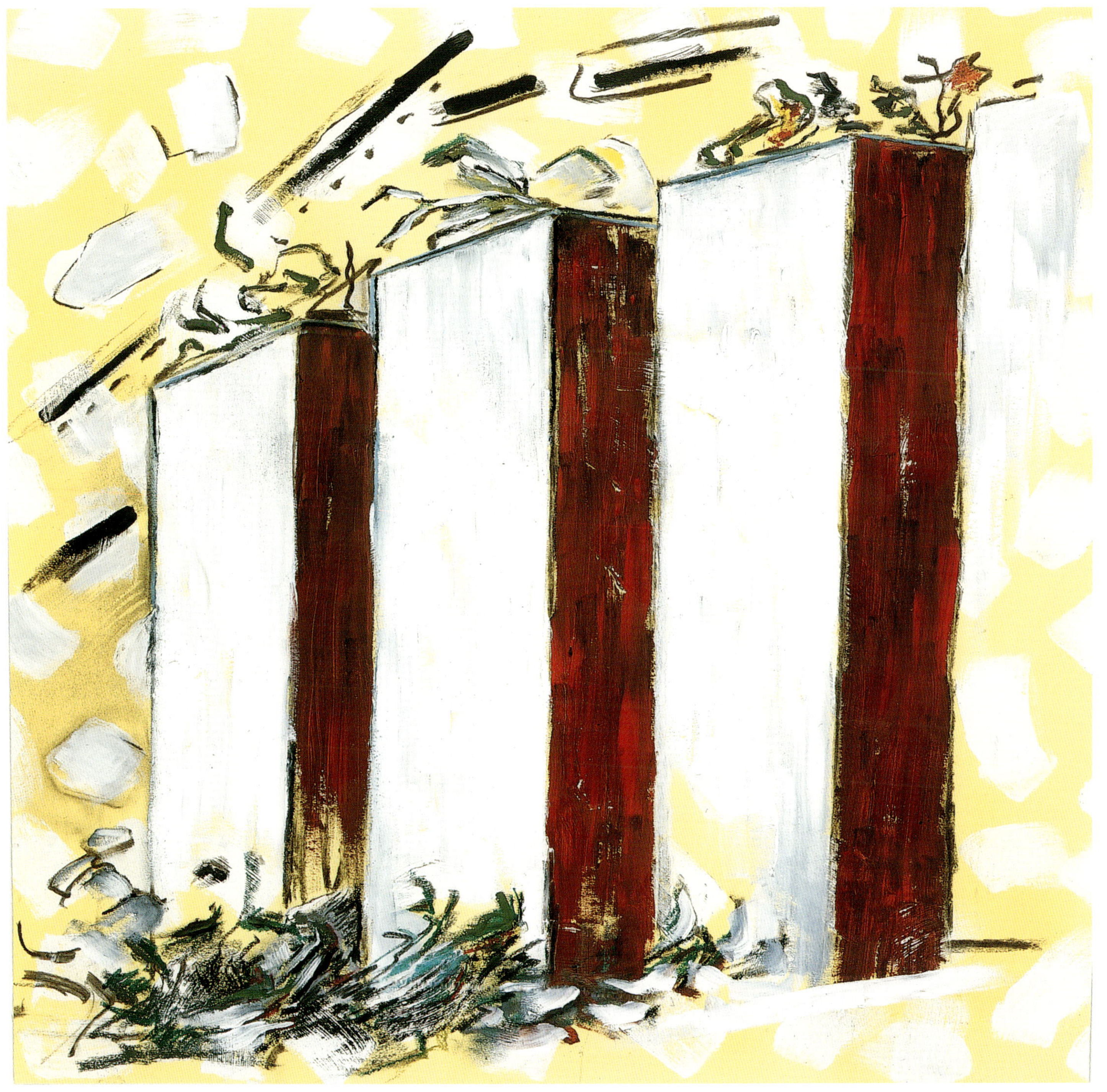

Exil Garten, Jüdisches Museum, 2003

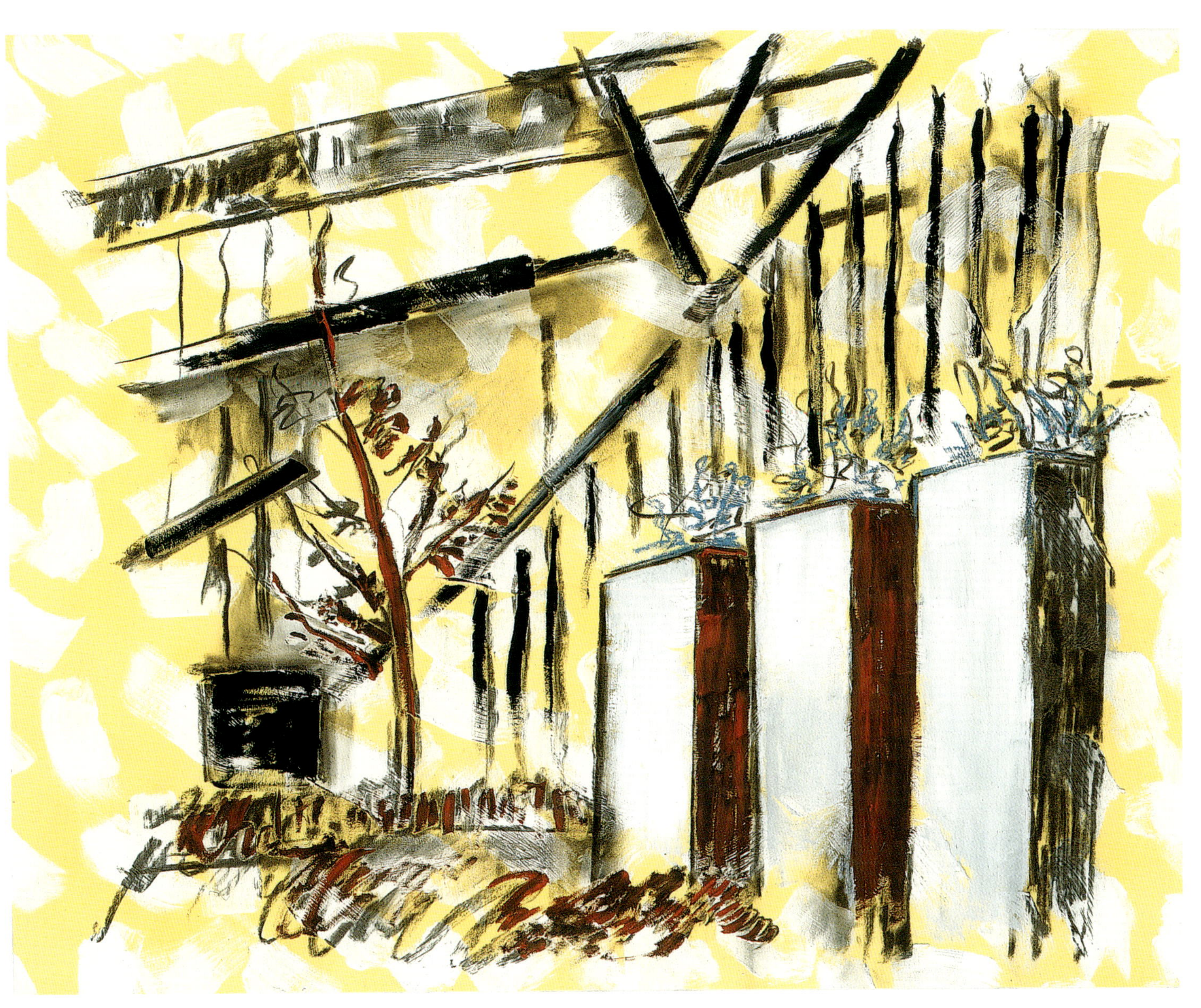

Exil Garten, Jüdisches Museum, 2003

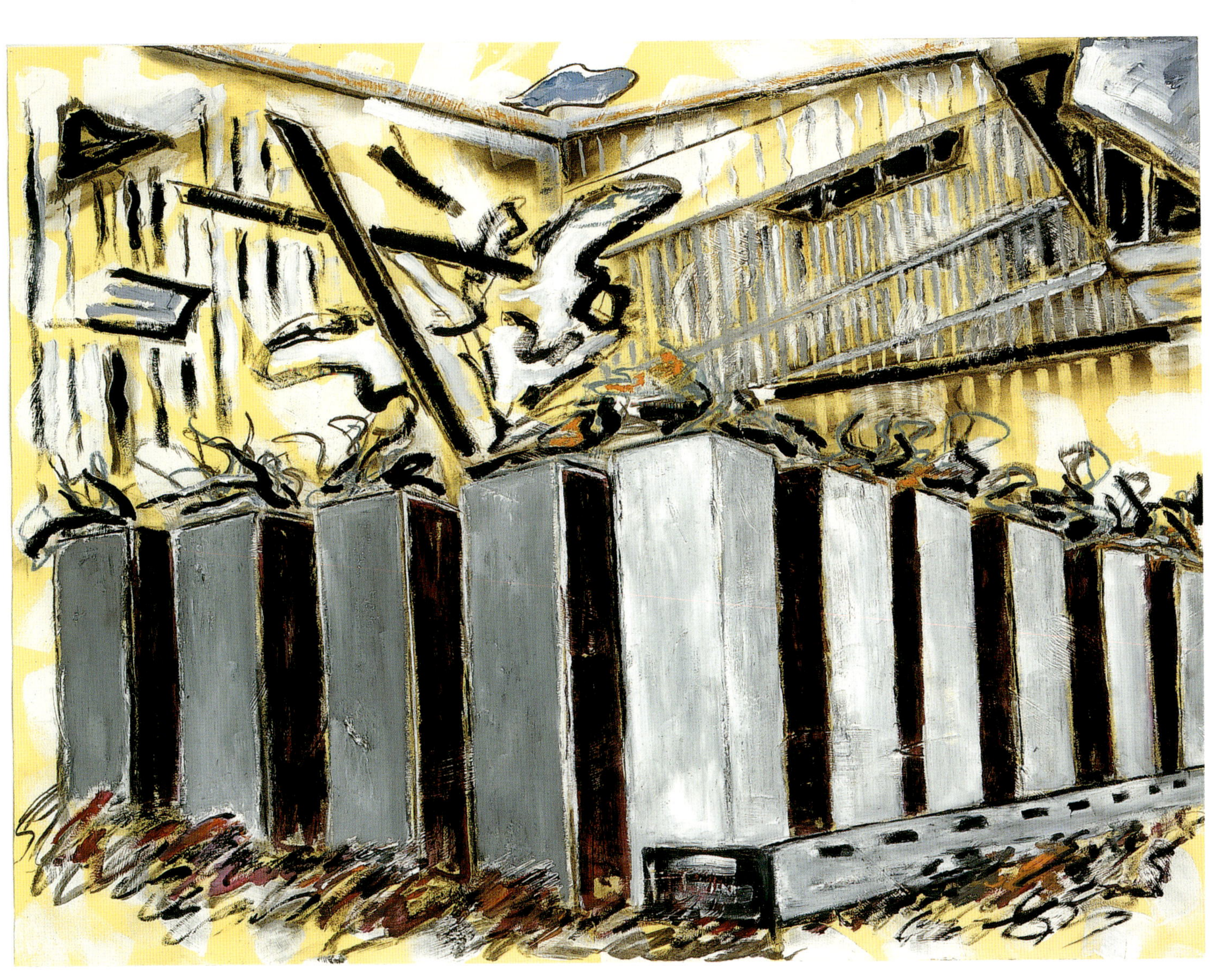

Studio per Reichstag, 2003
Tecnica mista su carta da scena/
Gemischte Technik auf Papier für
Bühnendekoration/Mixed media on
stage paper
74,45x69,5 cm
p. 21

Reichstag, 2003
Tecnica mista su carta intelata/
Gemischte Technik auf textilverstärktem
Papier/Mixed media on canvas-
reinforced paper
150x120 cm
p. 23

Reichstag, 2004
Tecnica mista su carta intelata/Gemischte
Technik auf textilverstärktem Papier/
Mixed media on canvas-reinforced paper
150x120 cm
p. 25

Potsdamer Platz, 2003
Tecnica mista su carta intelata/
Gemischte Technik auf textilverstärktem
Papier/Mixed media on canvas-
reinforced paper
99x69,5 cm
p. 26

Potsdamer Platz, 2003
Tecnica mista su carta intelata/
Gemischte Technik auf textilverstärktem
Papier/Mixed media on canvas-
reinforced paper
99x69,5 cm
p. 27

Potsdamer Platz, Sony Center, 2004
Olio su tela/Öl auf Leinwand/Oil on canvas
100x180 cm
p. 29

Potsdamer Platz, Sony Center, 2004
Olio su tela/Öl auf Leinwand/Oil on canvas
100x180 cm
p. 31

Potsdamer Platz, Sony Center, 2004
Tecnica mista su carta

intelata/Gemischte Technik auf
textilverstärktem Papier/Mixed media on
canvas-reinforced paper
120x91 cm
p. 33

Libeskind's Cathedral, 2004
Tecnica mista su carta intelata/Gemischte
Technik auf textilverstärktem Papier/
Mixed media on canvas-reinforced paper
120x144 cm
p. 35

Libeskind's Cathedral n. 2, 2004
Tecnica mista su carta intelata/Gemischte
Technik auf textilverstärktem Papier/
Mixed media on canvas-reinforced paper
170x200 cm
p. 37

Jüdisches Museum Berlin, 2003
Tecnica mista su carta da scena/
Gemischte Technik auf Papier für
Bühnendekoration/Mixed media on stage
paper
79,5x75 cm
p. 39

Jüdisches Museum Berlin, 2004
Tecnica mista su carta da scena/Gemischte
Technik auf Papier für Bühnendekoration/
Mixed media on stage paper
79,5x75 cm
p. 41

Jüdisches Museum Berlin, 2003
Tecnica mista su carta intelata/Gemischte
Technik auf textilverstärktem Papier/
Mixed media on canvas-reinforced paper
120x144 cm
p. 43

Libeskind's Cathedral n. 3, 2004
Tecnica mista su carta intelata/Gemischte
Technik auf textilverstärktem Papier/
Mixed media on canvas-reinforced paper
120x91 cm
p. 45

Libeskind's Cathedral n. 4, 2004
Tecnica mista su carta intelata/Gemischte

Technik auf textilverstärktem Papier/
Mixed media on canvas-reinforced paper
150x120 cm
p. 47

Sinfonia, 2004
Tecnica mista su carta intelata/Gemischte
Technik auf textilverstärktem Papier/
Mixed media on canvas-reinforced paper
120x150 cm
p. 49

Exil Garten, Jüdisches Museum, 2003
Tecnica mista su carta da scena/
Gemischte Technik auf Papier für
Bühnendekoration/Mixed media on stage
paper
78x78 cm
p. 51

Exil Garten, Jüdisches Museum, 2003
Tecnica mista su carta da scena/
Gemischte Technik auf Papier für
Bühnendekoration/Mixed media on stage
paper
80,5x96 cm
p. 53

Exil Garten, Jüdisches Museum, 2003
Tecnica mista su carta da scena/
Gemischte Technik auf Papier für
Bühnendekoration/Mixed media on stage
paper
92,5x119 cm
p. 55

Apparati Appendix

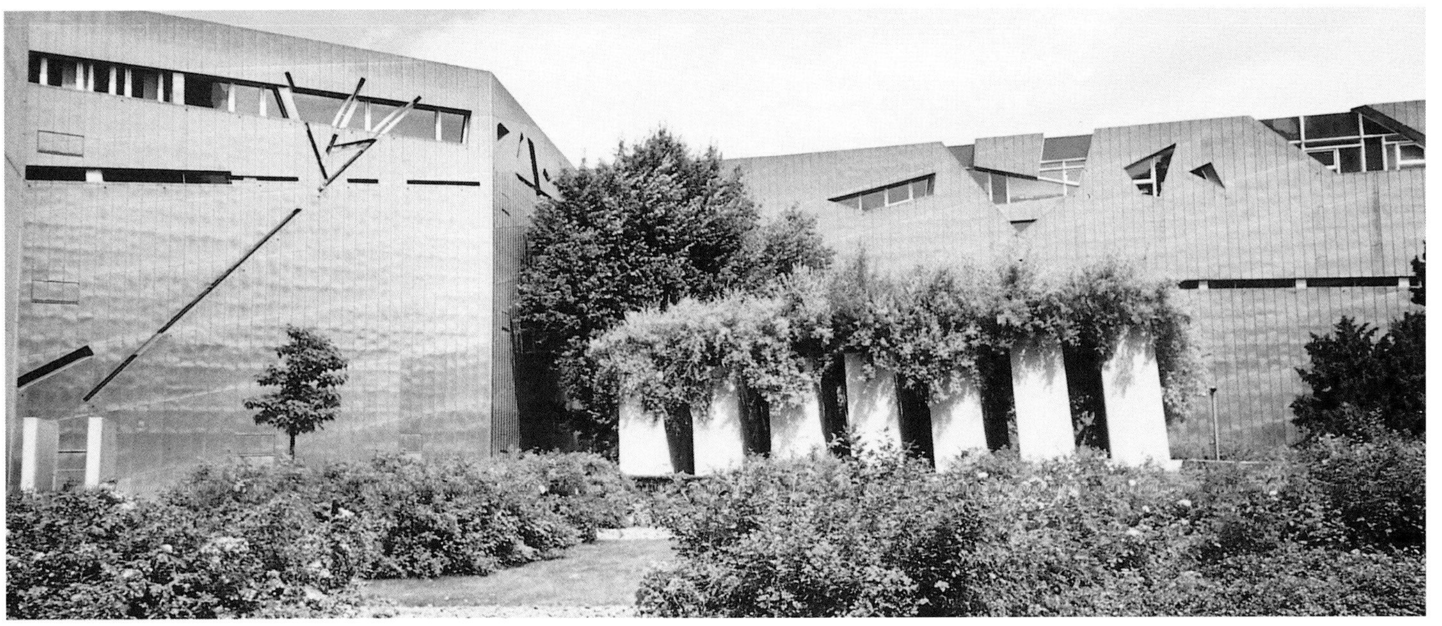

Exil Garten, Jüdisches Museum, Berlin, 2004

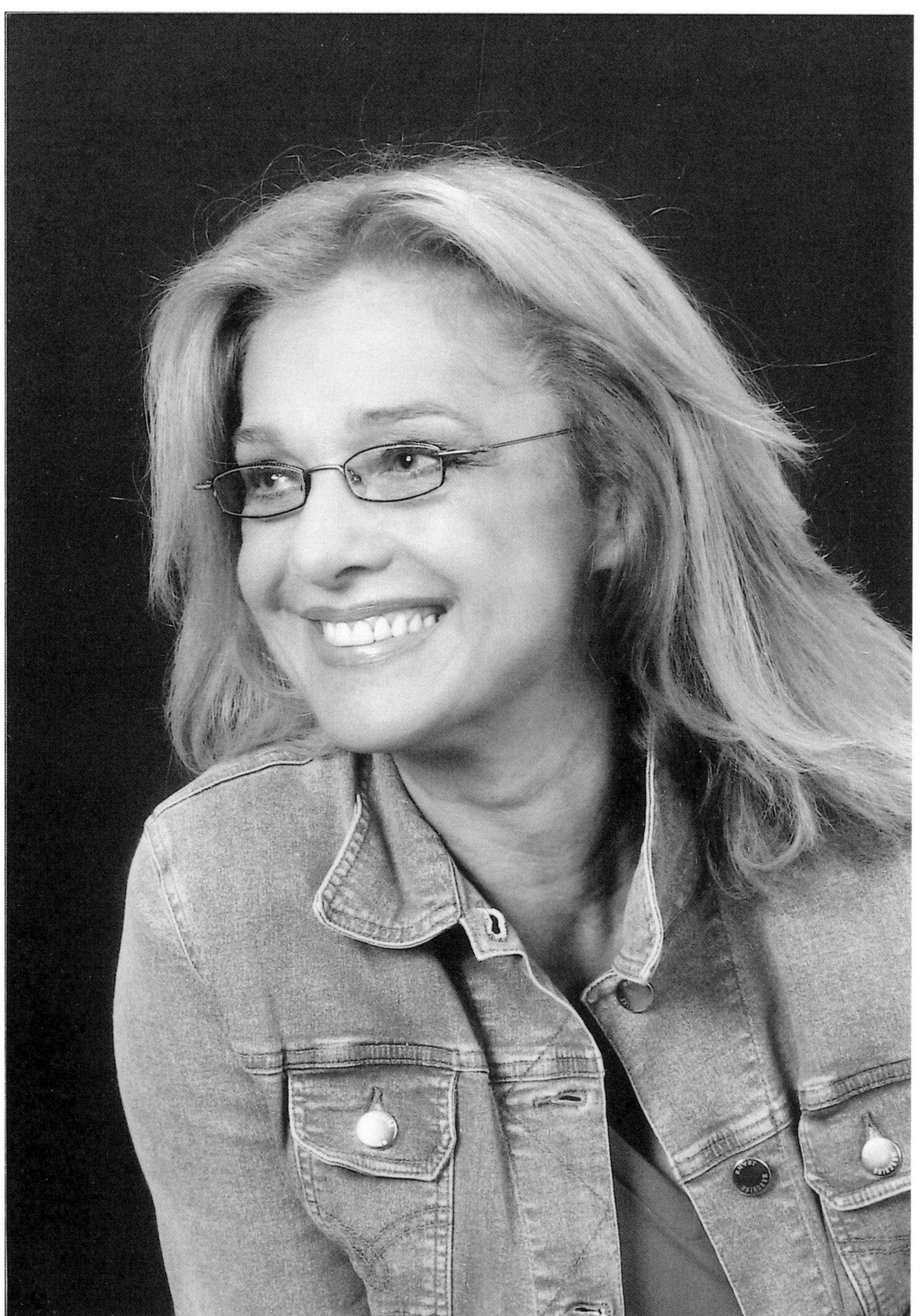

Berlin, 2004

Miresi, nata a Verona, vive e lavora a Berlino.
È stata allieva di Nurdio Trentini e, alternando gli studi d'arte a Verona, si è laureata in letteratura a Ginevra.
La sua attività artistica prende forma di continuità metodologica agli inizi degli anni Ottanta.
Nel 1983 è invitata alla mostra *Arcaici di fine secolo*, in cui il curatore, Giorgio Cortenova, traccia un sintetico panorama della giovane astrazione, controcorrente in quegli anni di trionfante figuratività. Miresi si pone in luce come protagonista di quelle nuove ricerche che rifiutano i teoremi delle teorie postmoderne.
Nel 1986 è presente alla rassegna *La secessione astratta degli anni Ottanta* (Umbertide) e a *Energia e lirismo* (Galleria del Milione, Milano) che riunisce sotto un profilo di ideale continuità Dorazio, Turcato, Verna, Pinelli, Miresi e Celeste.
Nel 1988 è invitata ad *Astratta – Secessioni astratte in Italia dal dopoguerra al 1990*, a cura di G. Cortenova (Palazzo Forti, Verona; Palazzo della Permanente, Milano; Kunsthalle, Darmstadt).
Nel 1990 partecipa alla mostra *Colore–struttura, una linea italiana, 1945-1990* a Prato, a cura di L. Caramel ed E. Mascelloni.
Dalla seconda metà degli anni Novanta la pittura di Miresi incontra temi iconici al cui interno il suo linguaggio si espande in una serrata dialettica spazio-superficie; problematica che, iniziata con le esperienze astratte, trova oggi al suo interno la rivelazione dell'immagine di forme quotidiane e identificabili.

Miresi wurde in Verona geboren und arbeitet in Berlin.
Sie war Schülerin von Nurdio Trentini. Neben einem Kunststudium in Verona hat sie ein Literaturstudium in Genf absolviert.
Anfang der achtziger Jahre nimmt ihre künstlerische Tätigkeit die Formen einer methodischen Kontinuität an.
1983 wurde sie zur Teilnahme an der Ausstellung *Arcaici di fine secolo* eingeladen, in welcher der Veranstalter, Giorgio Cortenova, ein synthetisches Panorama der jungen Abstraktion aufzeigte, einer Gegenströmung der in diesen Jahren triumphierenden figurativen Kunst. Miresi tritt als Hauptfigur jener neuen Recherchen hervor, welche die Lehrsätze der postmodernen Theorien verweigern.
Im Jahre 1986 nimmt sie an den Ausstellungen *La secessione astratta degli anni Ottanta* (Umbertide) und *Energia e lirismo* (Galleria del Milione, Mailand) teil, die unter dem Profil einer idealen Kontinuität die Künstler Dorazio, Turcato, Verna, Pinelli, Miresi und Celeste vereinigt. 1988 nimmt sie an der von Giorgio Cortenova veranstalteten Austellung *Astratta – Secessioni astratte in Italia dal dopoguerra al 1990* teil (Palazzo Forti, Verona; Palazzo della Permanente, Mailand; Kunsthalle, Darmstadt). Im Jahre 1990 beteiligt sie sich an der von L. Caramel und E. Mascelloni in Prato veranstalteten Austellung *Colore–struttura, una linea italiana, 1945-1990*.
Ab der zweiten Hälfte der neunziger Jahre 1990 stößt die Malerei von Miresi auf ikonische Themen, innerhalb derer sich ihr Stil auf eine geschlossene, dichte Dialektik „Raum – Oberfläche" ausdehnt. Eine Problematik, die, zu Anfang mit abstrakten Erfahrungen, heute jedoch in ihrem Inneren die Entdeckung der bildlichen Darstellung von alltäglichen und identifizierbaren Formen findet.

Born in Verona, Miresi lives and works in Berlin.
A student of Nurdio Trentini, she studied art in Verona and graduated in literature in Geneva.
Her artistic activity took the shape of methodological continuity at the beginning of the '80s.
In 1983 she was invited to the *Arcaici di fine secolo* exhibition, in which the curator, Giorgio Cortenova, delineated a synthetic panorama of new Abstract art, the alternative, in those years, to triumphant Figurative art. Miresi distinguished herself as protagonist of those new studies that rejected the theorems of post-Modern theories.
In 1986 she was present at the exhibitions *La secessione astratta degli anni Ottanta* (Umbertide) and *Energia e lirismo* (Galleria del Milione, Milan), which unites Dorazio, Turcato, Verna, Pinelli, Miresi and Celeste under a profile of ideal continuity.
In 1988 she participated in *Astratta – Secessioni astratte in Italia dal dopoguerra al 1990* (Palazzo Forti, Verona; Palazzo della Permanente, Milan; Kunsthalle, Darmstadt), curated by G. Cortenova.
In 1990 she took part in the exhibition entitled *Colore–struttura, una linea italiana, 1945-1990*, held in Prato and curated by L. Caramel and E. Mascelloni.
From the second half of the '90s Miresi's painting encounters iconic themes within which her artistic language expands in a heated dialectic between space and surface – a problem that, begun with experiences in Abstract art, today finds within itself the revelation of the image of identifiable everyday shapes and forms.

1984
Galleria Cinguetti, Verona.
Artra Studio, Milano.

1985
Arte Fiera, Galleria Cinguetti, Bologna.

1987
Galleria Il Traghetto, Venezia.
Galleria Meta, Bolzano.

1988
Galleria Break, Roma.

1989
Galleria La Giarina, Verona.

1990
Galleria 2E, Suzzara.
Artra Studio, Milano.
Galleria Nadar, Verona.

1993
Galleria Giulia, Roma.

1994
Les Chances de l'Art, Bolzano.

1995
A&A Arte contemporanea, Luino.

1997
Galleria dell'Officina, Brescia.

1998
Investitions Bank Berlin, Berlin.
WFP, Berlin.

2000
Vinck e Hertin, Berlin.
Istituto Italiano di Cultura, Berlin.
Freundschaftsinsel, Potsdam.

2002
Lüder-Hinterhaüser, Berlin.

2004
Istituto Italiano di Cultura, Berlin.

1982
Premio Termoli, Galleria Civica, Termoli.

1983
Biennale arte triveneta, Villa Simes,
Piazzola sul Brenta.
Verona, una pittura inquietante, Museo
Papillon, Salzburg.
Premio Termoli, Galleria Civica, Termoli.
Arcaici di fine secolo, Artra Studio, Milano.
Galleria Cinguetti, Verona.

1984
Arte Fiera, Galleria Cinguetti, Milano.
Kunstmesse, Artra Studio, Basel.
Astrazione arcaica, Galleria La Vignola,
Fabriano.
Cara Giulietta, Galleria Comunale d'Arte
Moderna, Verona.

1985
Sguardi a nord-ovest, Palazzo dei
Diamanti, Ferrara.

1986
Astrazione arcaica e dintorni, Galleria
La loggia, Bologna.
*Arte come visitazione dei linguaggi
astratto-informali*, XI Quadriennale
nazionale d'arte, Palazzo dei Congressi,
Roma.
La scienza dell'arte, Fondazione
Bevilacqua La Masa, Venezia.
*La secessione astratta degli anni
Ottanta*, Umbertine.
Energia e lirismo, Galleria del Milione,
Milano.

1987
Arcaicità e astrazione, Galleria
Unimedia, Genova.
Ecologia, Unisco, Verona.
VIII Biennale d'arte contemporanea,
Piacenza.
Index, Museo Civico, Paternò.
Arte in rivolta, Nîmes.

1988
*Astratta – Secessioni astratte in Italia
dal dopoguerra al 1990*, Galleria
Comunale d'Arte

Moderna Palazzo Forti, Verona; Palazzo
della Permanente, Milano; Kunsthalle,
Darmstadt.
*Tra cielo e terra – L'epifania astratta
tra colore e non colore*, Studio La Città,
Verona.
Il tempo e il tempio, Montichiari.
L'immaginario pittorico, Villa Pellizzari,
Lucca.
Anteprima – Un giorno d'arte a Milano,
Artra Studio, Milano.

1989
Internazionale d'arte contemporanea,
Galerie Synthèse, Milano.
Art 20 '89, Galerie Synthèse, Basilea.
Nuove acquisizioni, Galleria d'Arte
Moderna, Spoleto.

1990
Studio Erre, Roma.
*Colore-struttura, una linea italiana
1945-1990*, Palazzo Pretorio, Prato.
Rassegna internazionale di grafica "Carta
colore", Udine.

1991
Galleria La Nuova Città, Brescia.

1997
Ich bin ein Berliner, St. Matthäuskirche,
Berlin.

1998
Himmels-Achse, Prisma-Haus, Berlin.

Per saperne di più su Charta
ed essere sempre aggiornato sulle novità
entra in **www.chartaartbooks.it**

Um mehr über Charta zu erfahren und über
unsere Neuigkeiten auf dem Laufenden zu sein,
besuchen Sie **www.chartaartbooks.it**

To find out more about Charta,
and to learn about our most recent publications,
visit **www.chartaartbooks.it**

Finito di stampare nel settembre 2004
da Tipografia Rumor spa, Vicenza
per conto di Edizioni Charta

Per saperne di più su Charta
ed essere sempre aggiornato sulle novità
entra in **www.chartaartbooks.it**

Um mehr über Charta zu erfahren und über
unsere Neuigkeiten auf dem Laufenden zu sein,
besuchen Sie **www.chartaartbooks.it**

To find out more about Charta,
and to learn about our most recent publications,
visit **www.chartaartbooks.it**

Finito di stampare nel settembre 2004
da Tipografia Rumor spa, Vicenza
per conto di Edizioni Charta